W0173461

Worte zum Wohlfühlen

Worte
zum Wohlfühlen

Herausgegeben
von
Christian Leven

Herder
Freiburg · Basel · Wien

Sonderband der Worte-Reihe

Alle Rechte vorbehalten – Printed in Germany
© Verlag Herder Freiburg im Breisgau 1999
Umschlaggestaltung: Hermann Bausch
Gedruckt auf umweltfreundlichem,
chlorfrei gebleichtem Papier
Herstellung: Clausen & Bosse, Leck
ISBN 3-451-26900-7

Inhalt

I

Mensch werden ist eine Kunst

*Möchtest du den unsterblichen Göttern
und uns Freude schenken!*

<small>Marc Aurel</small>

ALLES GEHORCHEN DER KREATUR war nur ein
Verlangen nach dem Kusse des Schöpfers: Und alle
Welt empfing den Kuß ihres Schöpfers, da Gott ihr
alles schenkte, was sie brauchte. Ich aber, ich ver-
gleiche die große Liebe des Schöpfers zu Seinem
Geschöpfe und der Geschöpfe zum Schöpfer mit
jener Liebe und Treue, mit der Gott den Mann und
das Weib zu einem Bunde zusammengab, auf daß
sie schöpferisch fruchtbar würden.

Hildegard von Bingen

… die Fortdauer des Menschengeschlechts ist doch
nun mal eine jener erhabenen Aufgaben, woran der
einzelne mitzuarbeiten hat.   *Theodor Fontane*

Es gibt keine Klassen im Leben für Anfänger, es ist
immer gleich das Schwierigste, was von einem verlangt wird.   *Rainer Maria Rilke*

Der Anfang ist immer das Entscheidende; hat man's
darin gut getroffen, so muß der Rest mit einer Art
von innerer Notwendigkeit gelingen, wie ein richtig behandeltes Tannenreis von selbst zu einer gra-
den und untadeligen Tanne aufwächst.

Theodor Fontane

Ich hätt' sollen gar nie in d'Wirklichkeit kommen; solang ich noch ein Traum meines Vaters, eine Idee meiner Mutter war, da kann ich recht eine charmante Idee gewesen sein; aber so viele herrliche Ideen haben das, wenn s' ins Leben treten, wachsen sie sich miserabel aus. *Johann Nepomuk Nestroy*

Ganz leer läßt der liebe Gott keinen ausgehn; die Eltern und Erzieher müssen nur ausfindig machen, wo die Spezialbegabungen liegen. *Theodor Fontane*

Vielleicht ist noch nie ein Vater gewesen, der nicht irgendeinmal sein Kind für etwas ganz Originelles gehalten hat. Doch glaube ich, sind die gelehrten Väter diesem zärtlichen Irrtum mehr ausgesetzt als irgendeine andere Klasse von Vätern.

Georg Christoph Lichtenberg

Der Mensch ist das einzige Geschöpf, das erzogen werden muß. *Immanuel Kant*

Die Talente sind oft gar nicht so ungleich, im Fleiß und Charakter liegen die Unterschiede.

Theodor Fontane

Man bringt den Menschen nicht bei, Ehrenmänner zu werden, aber man lehrt sie alles Übrige; es liegt ihnen gar nichts daran, wenn sie von dem Übrigen nichts wissen, aber sie wollen Ehrenmänner sein. Sie tun sich nur darauf etwas zugut, gerade das Eine zu kennen, das sie nicht lernen.

Blaise Pascal

Wenn die Erziehung macht, daß ein Kind den ganzen Tag springt, lacht, singt, liebt, oder, ohne dies alles, ruhig den Kopf an Vaters- oder Mutter-Knie anlegt; und wenn es selber so frei bleibt als es andere frei lässet: Was will man mehr? Aber später kommen die Aufgaben des Befehlens und Gehorchens, beiden Teilen schwieriger. *Jean Paul*

Nicht sein Leben mit dem anfangen, womit man es zu beschließen hätte. Manche nehmen die Erholung am Anfang und lassen die Mühe für das Ende zurück; allein erst komme das Wesentliche, nachher, wenn Raum ist, die Nebendinge. Andere wollen triumphieren, ehe sie gekämpft haben. Wieder andere fangen damit an, das zu lernen, woran wenig gelegen ist, und schieben die Studien, von welchen sie Ehre und Nutzen hoffen, für das Ende ihres Lebens auf. Jener hat noch nicht einmal angefangen, sein Glück zu machen, und schon schwindelt ihm vor Dünkel der Kopf. Methode ist unerläßlich zum Wissen und zum Leben.

Baltasar Gracián

Wer von Grund aus Lehrer ist, nimmt alle Dinge nur in bezug auf seine Schüler ernst, – sogar sich selbst.

Friedrich Nietzsche

Etwas zu lernen ist ein sehr schöner Genuß – und etwas wirklich zu können ist die Quelle der Wohlbehaglichkeit.

Novalis

Da [die Staaten] nur Lehrer für 600 Mark sich leisten können, bleiben die Völker so dumm, daß sie sich Kriege für 60 Milliarden leisten müssen.

Christian Morgenstern

Ein Schullehrer und Professor kann keine Individuen erziehen, er erzieht bloß Gattungen. Ein Gedanke, der sehr viel Beherzigung und Auseinandersetzung verdient.

Georg Christoph Lichtenberg

Wie im Anfange des Frühlings alles Laub die gleiche Farbe und fast die gleiche Gestalt hat, so sind auch wir in früher Kindheit alle einander ähnlich, harmonieren daher vortrefflich. Aber mit der Pubertät fängt die Divergenz an und wird, wie die der Radien eines Zirkels, immer größer ...

Arthur Schopenhauer

Kinder sind Rätsel von Gott und schwerer als alle zu lösen,
aber der Liebe gelingt's, wenn sie sich selber bezwingt.

Christian Friedrich Hebbel

Väter sind eigentlich nur noch dazu da, um schließlich in Widerspruch mit ihren Lieblingssätzen zu geraten.

Theodor Fontane

Es gibt so viele Dinge, von denen ein alter Mann einem erzählen müßte, solange man klein ist; denn wenn man erwachsen ist, wäre es selbstverständlich, sie zu kennen. Da sind die Sternenhimmel, und ich weiß nicht, was die Menschen über sie schon erfahren haben, ja, nicht einmal die Anordnung der Sterne kenne ich. Und so ist es mit den Blumen, mit den Tieren, mit den einfachsten Gesetzen, die da und dort wirksam sind und durch die Welt gehen mit ein paar Schritten von Anfang nach Ende. Wie Leben entsteht, wie es wirkt in den geringen Wesen, wie es sich verzweigt und ausbreitet, wie Leben blüht, wie es trägt: alles das zu lernen, verlangt mich. Durch Teilnahme an alledem mich fester an die Wirklichkeit zu binden, die mich so oft verleugnet, – dazusein, nicht nur dem Gefühle, sondern auch dem Wissen nach, immer und immer, das ist es, glaube ich, was ich brauche, um sicherer zu werden und weniger heimatlos.

Rainer Maria Rilke

Ich bin ein erbärmlicher Erzieher und habe weder die richtige Heiterkeit noch die richtige Strenge.

Theodor Fontane

13

Kinder sind immer egoistisch, und die Sache ist die und kommt dadurch wieder in Ordnung, daß ihnen die eigenen Kinder später auch eine tüchtige Nuß zu knacken geben. *Theodor Fontane*

Ich habe zu viel Erwachsene kennen gelernt, die der Nachsicht bedürfen, als daß ich je mehr gegen die Kinder streng sein könnte. Den Kindern geschieht ohnedem viel Unrecht. Ist das nicht schon Unrecht genug, daß man sie für glücklich hält? Und sie sind es so wenig wie wir, sie haben in ihren Kinderseelen alle Affekte, eine Sehnsucht, die sie mit Täuschungen, eine Eitelkeit, die sie mit Kränkungen, eine Phantasie, die sie mit den Wauwaubildern quält, und dabei haben sie nicht die Stütze der Vernunft, die uns wenigstens zu Gebot steht, wenn wir sie auch nicht gebrauchen. Wir finden ihre Leiden klein, ohne zu bedenken, wie kleinlich wir oft in unsern Leiden sind. Wir finden das kindisch, wenn das Kind sich kränkt über einen hinuntergefallenen Apfel, und wie viele Erwachsene sind oft in Verzweiflung über ein gefallenes Papier.

Johann Nepomuk Nestroy

... Jugend in ihrem naiven Anspruch an Glück und Leben und in vollkommner Ignorierung der Tatsache, daß auch noch andre auf dieser Erde 'rumkrabbeln, ist etwas Vergnügliches, wenn man selber schon vergnüglich ist, sonst nicht.   *Theodor Fontane*

Man räume den einzelnen Altersstufen nur einige Bewegungsfreiheit ein. Der Jugend lasse man etwas mehr Freiheit. Nicht alles verwehre man den Vergnügungssuchenden; nicht immer habe jene nur auf das Wahre und Sachliche ausgerichtete Vernunft das Sagen. Bisweilen mögen Leidenschaften und Lust die Vernunft in den Hintergrund treten lassen, wenn nur in dieser Hinsicht der Sinn für das Angemessene und das Maß gewahrt bleibt.

Marcus Tullius Cicero

»Jugend hat keine Tugend« ist falsch, wie fast alle Sprichwörter; wenn wer noch Tugend hat, so ist's eben die Jugend ...   *Theodor Fontane*

Wenn sich der Most auch ganz absurd gebärdet,
Es gibt zuletzt doch noch e' Wein.

Johann Wolfgang von Goethe

Ich wurde geboren,
um im Glanz der Liebe
und im Licht der Schönheit
zu leben.
Beide sind Gottes Ebenbilder.   *Khalil Gibran*

Die Zukunft allein ist unser Zweck.

Blaise Pascal

II

Ich habe zu lernen, solange ich lebe

*Das Leben ist eine große Gelegenheit,
und es ist sehr schade,
wenn der Mensch
das erst zu spät erkennt.*

HAZRAT INAYAT KHAN

ICH SCHÄME MICH NICHT zuzugeben, was ich nicht weiß. *Marcus Tullius Cicero*

Denn man hört nie auf, erziehungsbedürftig zu sein; ich gehe noch jetzt in die Schule und lerne von Leuten, die meine Enkel sein könnten.

Theodor Fontane

Der Mensch, der wenig nur gelernt, wird alt ganz nach der Ochsen Art: Es wächst ihm also bloß das Fleisch, die Einsicht wächst ihm nicht.

Gautama Buddha

Viel lernen und nachher viel wissen, das ist keine Kunst; ich habe nichts gelernt und weiß doch eine Menge, da kann man von Kunst reden.

Johann Nepomuk Nestroy

Alles, was mit Grammatik und Examen zusammenhängt, ist nie das Höhere. Waren die Patriarchen examiniert, oder Moses oder Christus? Die Pharisäer waren examiniert. Und da sehen Sie, was dabei herauskommt. *Theodor Fontane*

Aber ich glaube, es ist besser, ich mache überhaupt einmal etwas, so gut ich es eben kann, als ich verwerfe die Arbeit von Anfang an einer vorläufig unüberwindlichen Schwierigkeit wegen.

Christian Morgenstern

Jeder Mensch kann irren, der Dumme nur verharrt im Irrtum.

Marcus Tullius Cicero

Nichts macht das Leben ärmer, als anfangen und abbrechen.

Christian Morgenstern

Wenn auch der Tor sein Leben lang des weisen Mannes Schüler ist, doch faßt er nicht die Lehre, wie der Löffel nicht die Brühe schmeckt.

Gautama Buddha

Lob zu hören, ist freilich immer angenehm, das hängt nun mal mit der Ichheit zusammen, aber für einen leidlich verständigen Menschen fällt doch die Qualität mehr ins Gewicht als die Quantität ...

Theodor Fontane

Es ist leicht, ein Lehrer, aber schwer, ein Schüler zu
werden.

Hazrat Inayat Khan

Nie vergeß ich die noch keinen Menschen erzählte
Erscheinung in mir, wo ich bei der Geburt meines
Selbstbewußtseins stand, von der ich Ort und Zeit
anzugeben weiß. An einem Vormittag stand ich als
ein sehr junges Kind unter der Haustüre und sah
links nach der Holzlege, als auf einmal das innere
Gesicht »ich bin ein Ich« wie ein Blitzstrahl vom
Himmel vor mich fuhr und seitdem leuchtend stehen blieb: Da hatte mein Ich zum ersten Male sich
selber gesehen und auf ewig.

Jean Paul

Am Haupte des Menschen, wie am Rund eines
kreisenden Rades, befindet sich der Scheitelpunkt
des Gehirns, auf das hin eine Leiter angelegt ist, die
verschiedene Stufen des Aufsteigens hat, so mit den
Augen im Sehen, mit den Ohren im Hören, mit
der Nase im Riechen, mit dem Mund im Sprechen. Mit diesen Sinnesorganen schaut der Mensch
alle Schöpfung, erkennt sie, unterscheidet sie, teilt
sie auf und gibt ihr die Namen.

Hildegard von Bingen

Denn was ist denn eigentlich die Jugend? Doch im Grunde nichts anderes, als das noch gesunde und unzerknitterte, vom kleinlichen Treiben der Welt noch unberührte Gefühl der ursprünglichen Freiheit und der Unendlichkeit der Lebensaufgabe. Daher ist die Jugend jederzeit fähiger zu entscheidenden Entschlüssen und Aufopferungen, und steht in der Tat dem Himmel näher, als das müde und abgenutzte Alter; daher legt sie so gern den ungeheuersten Maßstab großer Gedanken und Taten an ihre Zukunft. Ganz recht! denn die geschäftige Welt wird schon dafür sorgen, daß die Bäume nicht in den Himmel wachsen und ihnen die kleine Krämerelle aufdrängen. Die Jugend ist die Poesie des Lebens, und die äußerlich ungebundene und sorgenlose Freiheit der Studenten auf der Universität die bedeutendste Schule dieser Poesie, und man möchte ihr beständig zurufen: Sei nur vor allen Dingen jung! Denn ohne Blüte keine Frucht.

Joseph von Eichendorff

Die Kraft des Gedankens ist unsichtbar wie der Same, aus dem ein riesiger Baum erwächst; sie ist aber der Ursprung für die sichtbaren Veränderungen im Leben der Menschen.

Lew Nikolajewitsch Tolstoi

Die Jugend ist uneigennützig im Denken und Fühlen, und denkt und fühlt deshalb die Wahrheit am tiefsten, und geizt nicht wo es gilt eine kühne Teilnahme an Bekenntnis und Tat. Die älteren Leute sind selbstsüchtig und kleinsinnig; sie denken mehr an die Interessen ihrer Kapitalien als an die Interessen der Menschheit; sie lassen ihr Schifflein ruhig fortschwimmen im Rinnstein des Lebens, und kümmern sich wenig um den Seemann, der auf hohem Meere gegen die Wellen kämpft; oder sie erkriechen, mit klebrigter Beharrlichkeit die Höhe des Bürgermeistertums oder der Präsidentschaft ihres Klubs, und zucken die Achsel über die Heroenbilder, die der Sturm hinabwarf von der Säule des Ruhms, und dabei erzählen sie vielleicht: daß sie selbst in ihrer Jugend ebenfalls mit dem Kopf gegen die Wand gerennt seien, daß sie sich aber nachher mit der Wand wieder versöhnt hätten, denn die Wand sei das Absolute, das Gesetzte, das an und für sich Seiende, das, weil es ist, auch vernünftig ist, weshalb auch derjenige unvernünftig ist, welcher einen allerhöchst vernünftigen, unwidersprechbar seienden, festgesetzten Absolutismus nicht ertragen will.   *Heinrich Heine*

Kein Mensch hat die Kraft, einem anderen die Wahrheit zu lehren; der Mensch muß die Wahrheit in sich selbst erkennen. Der Lehrer vermag zu sagen: »Dies ist der Weg, geh nicht in die Irre.« Der Einweihende vermag seinen Schüler auf jenen Weg zu bringen, auf dem er desto mehr erhält, je weiter er geht. Aber der erste Schritt ist der schwerste.

Hazrat Inayat Khan

Jedes Geschöpf ist zu einem bestimmten Zweck geschaffen, z. B. ein Pferd oder ein Weinstock. Warum wunderst du dich darüber? Auch die Sonne wird sagen: »Ich bin zu einer Aufgabe geschaffen« und ebenso die übrigen Götter. Wozu bist du nun geschaffen? Zu sinnlichen Freuden? Sieh zu, ob deine Vernunft einen solchen Gedanken erträgt!

Marc Aurel

Was die Leute denken werden? Gewiß nicht viel, schon deswegen, weil die denkenden Leute die wenigsten sind.

Johann Nepomuk Nestroy

Es gibt mir zu denken, daß viele den Körper üben, wenige dagegen den Geist. Ich mache mir meine Gedanken darüber, wie viele Menschen zu einer billigen und rein unterhaltsamen Veranstaltung zusammenströmen, während bei geistigen Veranstaltungen von Wert gähnende Leere herrscht. Was für geistige Schwächlinge sind doch die, deren Arme und Schultern wir bewundern. Folgendes aber macht mir am meisten zu schaffen: Wenn der Körper durch Training so weit gebracht werden kann, daß er Faustschläge und Fußtritte aushält, und das nicht nur von *einem* Gegner, um wieviel einfacher wäre es da, den Geist zu festigen, so daß er die Schläge des Schicksals siegreich hinnimmt und, wenn er am Boden hingestreckt und niedergetreten ist, sich wieder erhebt.

Der Körper braucht nämlich vieles, um in Kondition zu sein. Der Geist dagegen entwickelt sich aus sich selber; er nährt sich und übt auch von selber. Der Körper hat viel Speise und Trank, viel Öl und ein langes Training nötig. Die sittliche Haltung wird dir ohne besonderen Aufwand gelingen. Alles, was du an sittlicher Leistung zuwege bringst, kommt mit und aus dir.

Was brauchst du eigentlich, um (sittlich) gut zu sein? Nur den Willen dazu.   *Lucius Annaeus Seneca*

Wir fanden auch, daß echte Erziehung nicht darin besteht, das Gehirn mit Tatsachen und Vorstellungen vollzustopfen, nicht darin, daß man Prüfungen ablegt, für die man einen Haufen Bücher lesen muß, sondern darin, den Charakter zu entwickeln. Ich weiß nicht, in welchem Ausmaße Ihr französischen Studenten mehr Wert auf Charakter als auf intellektuelle Studien legt; doch ich kann dies versichern: Wenn Ihr die Möglichkeit der Nicht-Gewalt erforschen wollt, werdet Ihr finden, daß dieses Studium ohne Charakter nutzlos sein wird.

Mahatma Gandhi

Nachdenken, und am meisten über das, woran am meisten gelegen ist. Weil sie nicht denken, gehen alle Dummköpfe zugrunde; sie sehen in den Dingen nie auch nur die Hälfte von dem, was da ist; und da sie sich so wenig anstrengen, daß sie nicht einmal ihren eigenen Schaden oder Vorteil begreifen, legen sie großen Wert auf das, woran wenig, und geringen auf das, woran viel gelegen ist, stets verkehrt abwägend. Viele verlieren den Verstand nur deshalb nicht, weil sie keinen haben. Es gibt Sachen, die man mit der ganzen Anstrengung seines Geistes untersuchen und nachher in der Tiefe desselben aufbewahren soll. Der Kluge denkt über al-

les nach, wiewohl mit Unterschied: Er vertieft sich
da, wo er Grund und Widerstand findet, und denkt
bisweilen, daß noch mehr da ist, als er denkt; der-
gestalt reicht sein Nachdenken ebenso weit als seine
Besorgnis.

Baltasar Gracián

Gerade der Werdende will das Werdende nicht: Er
ist zu ungeduldig dafür. Der Jüngling will nicht
warten, bis, nach langen Studien, Leiden und Ent-
behrungen, sein Gemälde von Menschen und Dingen voll werde: So nimmt er ein anderes, das fertig
dasteht und ihm angeboten wird, auf Treu und
Glauben an, als müsse es ihm die Linien und Farben
seines Gemäldes vorweg geben, er wirft sich einem
Philosophen, einem Dichter ans Herz und muß
nun eine lange Zeit Frondienste tun und sich selber
verleugnen. Vieles lernt er dabei: Aber häufig vergißt ein Jüngling das Lernens- und Erkennenswer-
teste darüber: sich selber; er bleibt zeitlebens ein
Parteigänger. Ach, es ist viel Langeweile zu überwinden, viel Schweiß nötig, bis man seine Farben,
seinen Pinsel, seine Leinwand gefunden hat! – Und
dann ist man noch lange nicht Meister seiner Lebenskunst – aber wenigstens Herr in der eigenen
Werkstatt.

Friedrich Nietzsche

Es gibt keine wichtigere Lebensregel in der Welt als die: Halte dich, soviel du kannst, zu Leuten, die geschickter sind als du, aber doch nicht so sehr unterschieden sind, daß du sie nicht begreifst. Das Erheben wird deinem Ehrgeiz durch Instinkt leichter werden als dem Allzugroßen das Herablassen aus kalter Entschließung.   *Georg Christoph Lichtenberg*

Für sein Tun und Lassen darf man keinen andern zum Muster nehmen; weil Lage, Umstände, Verhältnisse nie die gleichen sind, und weil die Verschiedenheit des Charakters auch der Handlung einen verschiedenen Anstrich gibt ...

Arthur Schopenhauer

Es ist ein Unsinn, jungen Leuten immer mit dem »Besten« zu kommen. Man hat sich in das Beste hineinzuwachsen, und das dauert oft recht lange. Schadet auch nicht.   *Theodor Fontane*

Ein großer Fehler bei meinem Studieren in der Jugend war, daß ich den Plan zum Gebäude zu groß anlegte.   *Georg Christoph Lichtenberg*

Vorausdenken, von heute auf morgen und noch auf viele Tage. Die größte Vorsicht ist, daß man der Sorge und Überlegung besondere Stunden bestimme. Für den Behutsamen gibt es keine Unfälle und für den Aufmerksamen keine Gefahren. Man soll das Denken nicht aufschieben, bis man im Sumpfe bis an den Hals steckt, es muß im voraus geschehen. Durch die wiederholte und gereifte Überlegung komme man überall dem äußersten Mißgeschick zuvor. *Baltasar Gracián*

Sieh, wie deine Studierlampe sich an die Zimmerdecke projiziert. So projizierst du dich auf die Wand des Außer-Dir. Wie du dich dort siehst, das nennst du »Welt«, das Bewußtsein dieses (dich) So-Sehens deine »Weltanschauung«. *Christian Morgenstern*

Die höchste Aufgabe der Bildung ist – sich seines transzendentalen Selbst zu bemächtigen – das Ich seines Ichs zugleich zu sein. Um so weniger befremdlich ist der Mangel an vollständigem Sinn und Verstand für Andre. Ohne vollendetes Selbstverständnis wird man nie andere wahrhaft verstehen lernen. *Novalis*

Laß dich nicht von der Gesamtvorstellung deines Lebens beunruhigen! Fasse nicht alle Unannehmlichkeiten, die dir vermutlich noch begegnen werden, nach Art und Zahl im Geiste zusammen, sondern frage dich lieber bei jeder einzelnen, die an dich herantritt: Was ist an der Sache eigentlich unträgbar und nicht zu verwinden? Du wirst dich schämen, etwas unerträglich zu finden! Mach dich weiter darauf aufmerksam, daß dich weder die Zukunft noch die Vergangenheit bedrücken kann, sondern immer nur die Gegenwart. Die Belastung durch die Gegenwart verringert sich aber, wenn du ausschließlich auf sie blickst und dir deine Seele gehörig vornimmst, wenn sie einem so geringfügigen Druck nicht standzuhalten vermag. *Marc Aurel*

Die reine Erkenntnis und Betrachtung der menschlichen Natur wäre in gewisser Weise unvollständig und nur ein Anfang, wenn sie nicht die Tat zur Folge hätte. Diese Tat kommt am deutlichsten zum Tragen, wenn es darum geht, das Wohl der Menschen zu sichern. Somit hat sie mit der menschlichen Gemeinschaft zu tun; also hat sie auch gegenüber der reinen Erkenntnis den Vorrang.

Marcus Tullius Cicero

I wart' jetzt nur, bis i ein Jüngling bin, dann geh' i in die Welt, und das is g'scheiter, als in die Schul'. Die Welt is die wahre Schule, denn da lernt man alles von selbst. In der Schul', da muß man die Lektionen aufsagen, sonst is man dumm; wenn man aber in der Welt eine tüchtige Lektion kriegt, so muß man still sein und gar nix dergleichen tun, dann is man g'scheit! In der Schul' wird man alle Tag' verlesen, in der Welt, wenn man da einmal verlesen is, so is es genug auf ewige Zeiten. In der Schul' muß man ruhig sein, in der Welt is es just gut, wenn man recht viel Lärm macht; in der Schul' hab'n s' extra eine Eselbank, in der Welt sind die Eseln auf allen Plätzen zerstreut. Darum herrscht auch nur in der Schule diese Indiskretion, daß s' ein' sagen könne: »Marsch, auf die Eselbank!« In der Welt, wenn ich da in ein Gasthaus oder in ein Kaffeehaus gehn werd', riskier' ich das nicht. Oder wenn ich in ein Theater geh', da kann kein Sitzaufsperrer zu mir sagen: »Ich bitt', Sie sind ein Esel, Sie g'hör'n auf diese Bank!« Das geht nicht!

Johann Nepomuk Nestroy

Habe keine zu künstliche Idee vom Menschen, sondern urteile natürlich von ihm, halte ihn weder für zu gut noch zu böse. *Georg Christoph Lichtenberg*

Um durch die Welt zu kommen, ist es zweckmäßig, einen großen Vorrat von *Vorsicht* und *Nachsicht* mitzunehmen: Durch erstere wird man vor Schaden und Verlust, durch letztere vor Streit und Händeln geschützt.

Arthur Schopenhauer

Sich nicht in den Personen täuschen, welches die schlimmste und leichteste Täuschung ist. Besser man werde im Preise als in der Ware betrogen. Bei Menschen mehr als bei allem andern ist es nötig, ins Innere zu schauen. Sachen verstehen und Menschen kennen, sind zwei weit verschiedene Dinge. Es ist eine tiefe Philosophie, die Gemüter zu ergründen und die Charaktere zu unterscheiden. So sehr als die Bücher, ist es nötig, Menschen studiert zu haben.

Baltasar Gracián

Ich habe durch mein ganzes Leben gefunden, daß sich der Charakter eines Menschen aus nichts so sicher erkennen läßt, wenn alle Mittel fehlen, als aus einem Scherz, den er übelnimmt.

Georg Christoph Lichtenberg

Wir sind ins Leben gesetzt, als in das Element, dem wir am meisten entsprechen, und wir sind überdies durch jahrtausendelange Anpassung diesem Leben so ähnlich geworden, daß wir, wenn wir stille halten, durch ein glückliches Mimikry von allem, was uns umgibt, kaum zu unterscheiden sind. Wir haben keinen Grund, gegen unsere Welt Mißtrauen zu haben, denn sie ist nicht gegen uns. Hat sie Schrecken, so sind es unsere Schrecken, hat sie Abgründe, so gehören diese Abgründe uns, sind Gefahren da, so müssen wir versuchen, sie zu lieben. Und wenn wir nur unser Leben nach jenem Grundsatz einrichten, der uns rät, daß wir uns immer an das Schwere halten müssen, so wird das, welches uns jetzt noch als das Fremdeste erscheint, unser Vertrautestes und Treuestes werden.

Rainer Maria Rilke

Immer schreitet eine Angst, eine Sorge, ein Schmerz, ein Pickel, neben unsrem Glück und unsren Plänen her, namentlich aber immer in dem Augenblick, wo sie sich erfüllen sollen.

Theodor Fontane

Aus welchem Grund solltest du Angst empfinden?
Halte dich an Gott. Was, wenn die Welt einem Wald
aus lauter Dornen gleicht? Ziehe deine Schuhe an
und gehe über die Dornen hinweg. Vor wem solltest du Angst haben?   *Ramakrishna*

Man *muß* Ärger aushalten können; wenn man es
nicht kann, wenn man ihm überall aus dem Wege
geht, so erreicht man nichts.   *Theodor Fontane*

Alle Entwicklung macht und schafft Schmerzen. So
wenig ein Kind ohne Schmerzen geboren wird,
ebensowenig wird der erwachsene Mensch aus einem Geiste neu geboren, ohne daß leiden müssen,
die ihn lieben.   *Christian Morgenstern*

Ein Charakter entsteht durch ein System stereoty-
per Grundsätze. Sind letztere irrig, so wird das
ganze Leben desjenigen Menschen, der sie syste-
matisch in seinem Geiste aufgestellt, nur ein großer,
langer Irrtum sein. Wir loben das, und nennen es
»Charakter haben« wenn ein Mensch nach festen
Grundsätzen handelt, und bedenken nicht, daß in

einem solchen Menschen die Willensfreiheit unter-
gegangen, daß sein Geist nicht fortschreitet, und
daß er selbst ein blinder Knecht seiner verjährten
Gedanken ist. Wir nennen das auch Konsequenz,
wenn jemand dabei bleibt, was er ein für allemal in
sich aufgestellt und ausgesprochen hat, und wir sind
oft tolerant genug, Narren zu bewundern und Bö-
sewichter zu entschuldigen, wenn sich nur von ihnen sagen läßt: daß sie konsequent gehandelt. Diese
moralische Selbstunterjochung findet sich aber fast
nur bei Männern; im Geiste der Frauen bleibt immer lebendig und in lebendiger Bewegung das Element der Freiheit. Jeden Tag wechseln sie ihre Welt-
ansichten, meistens ohne sich dessen bewußt zu
sein. Sie stehen des Morgens auf wie unbefangene
Kinder, bauen des Mittags ein Gedankensystem,
das, wie ein Kartenhaus des Abends wieder zusammen fällt. Haben sie heute schlechte Grundsätze, so
wette ich darauf, haben sie morgen die allerbesten.
Sie wechseln ihre Meinungen so oft wie ihre Klei-
der. Wenn in ihrem Geiste just kein herrschender
Gedanke steht, so zeigt sich das Allererfreulichste,
das Interregnum des Gemüts. Und dieses ist bei den
Frauen am reinsten und am stärksten, und führt sie
sicherer als die Verstandes-Abstraktions-Laternen,
die uns Männer so oft irre leiten.   *Heinrich Heine*

Natürlich muß eine gewisse Subordination herrschen, man muß, wenn es not tut, befehlen und seinen Befehl auch durchsetzen können, aber mit dieser mäßigen Respektstellung muß man sich begnügen. Am allerwenigsten muß man an den Charakteren herumbasteln wollen; es führt zu gar nichts, außer zu Verstimmung und Ärgernis. Wie sich ein Mensch gibt, das ist nicht ein Zufall, auch meistens nicht ein Erziehungsfehler, sondern der Ausdruck seiner Natur ... nur keine Erziehungskunststücke. Man darf nur *so* viel tun, wie die *Notwehr* erheischt; wird es *zu* toll, so sagt man einfach: »bis hierher und nicht weiter«; aber man muß dabei nie mehr wollen als Bekämpfung des Einzelfalls. Also nochmals: laufen lassen; nichts ändern wollen, sondern einfach darauf aus sein, sich nicht die Butter vom Brote nehmen zu lassen. *Theodor Fontane*

Heftigen Ehrgeiz und Mißtrauen habe ich noch allemal beisammen gesehen.

Georg Christoph Lichtenberg

Es ist nicht gut, immer nur an das zu denken, was die Leute sagen, aber es ist noch weniger gut, gar nicht daran zu denken. *Theodor Fontane*

Jede Seele, sagt Epiktet, begibt sich nur unfreiwillig der Wahrheit. Ebenso ist es bei der Gerechtigkeit, der Selbstbeherrschung, dem Wohlwollen und allen solchen Tugenden. Es ist bitter nötig, daß du das immer vor Augen hast; denn dann wirst du gegen alle milder gestimmt sein.   *Marc Aurel*

Nie umsonst. – Im Gebirge der Wahrheit kletterst du nie umsonst: Entweder du kommst schon heute weiter hinauf oder du übst deine Kräfte, um morgen höher steigen zu können.   *Friedrich Nietzsche*

Wir halten uns am liebsten für tapfer, wenn wir gerade am aller furchtsamsten sind. Ich habe beobachtet, daß mindestens die Hälfte unserer Jünglinge Kriegsrufe ausstößt, weil sie fürchten, daß ihr Schweigen ihren Mut beeinträchtigt. Ich glaube, wirklich tapfer ist man nur, wenn man nach ruhiger, langer Überlegung handelt.

Ohijesa (Charles A. Eastman), Sioux

Warten können. Es beweist ein großes Herz mit Reichtum an Geduld, wenn man nie in eiliger Hitze, nie leidenschaftlich ist. Erst sei man Herr über sich, so wird man es nachher über andere sein. Nur durch die weiten Räume der Zeit gelangt man zum Mittelpunkt der Gelegenheit. Weise Zurückhaltung bringt die richtigen, lange geheim zu haltenden Beschlüsse zur Reife.   *Baltasar Gracián*

Wir haben die Pflicht, stets die Folgen unserer Handlungen zu bedenken.   *Mahatma Gandhi*

»Handle so, daß die Maxime deines Willens jederzeit zugleich als Prinzip einer allgemeinen Gesetzgebung gelten könne.«   *Immanuel Kant*

Ein Lehrvers ergriff meinen Geist und mein Herz gleichermaßen. Seine Weisung – zahle Gutes für Übles – wurde mein Leitprinzip. Es wurde für mich eine solche Leidenschaft, daß ich zahlreiche Experimente damit begann. Hier sind jene (für mich) wundervolle Zeilen:

Für eine Schale Wasser gib ein tüchtiges Mahl.

Für einen freundlichen Gruß neig dich rasch zur Erde.

Für einen bloßen Pfennig zahle zurück in Gold.

Wer dein Leben rettet, dem enthalte das Leben
nicht vor.

Achte auf die Worte und Taten des Weisen:

Sie vergelten jeden kleinen Dienst zehnfach.

Doch der wahrhaft Edle erkennt alle Menschen
als eines und gibt mit Freude Gutes für das Üble,
das man ihm antat.   *Mahatma Gandhi*

Steh auf, du sollst nicht träge sein!
Leb nach des rechten Wandels Pflicht!
Wer pflichttreu lebt, der ruht beglückt
in dieser und in jener Welt.   *Gautama Buddha*

Nutze jede Stunde; wenn Du das Heute wahr-
nimmst, wirst Du weniger vom Morgen abhängen;
indem man das Leben aufschiebt, eilt es von dan-
nen.   *Lucius Annaeus Seneca*

III

Ganz begreifen wir uns nie

*Am wenigsten kennt ein jeder sich selber,
und am schwersten fällt ihm das Urteil
über seine eigene Person.*

MARCUS TULLIUS CICERO

GANZ BEGREIFEN WIR uns nie, aber wir werden und können uns weit mehr als begreifen.   *Novalis*

Es ist auch wirklich gleichgültig, wo man ist und was man ist; es kommt nur darauf an, wer man ist ...
Theodor Fontane

Es gibt nur zwei Arten von Menschen: die Gerechten, die sich für Sünder halten, und die Sünder, die sich für gerecht halten.   *Blaise Pascal*

Wer andere kennt, ist gescheit; wer sich selbst kennt, ist weise.

Wer andere besiegt, hat Muskelkraft; wer sich selbst besiegt, ist stark.

Wer genügsam ist, ist reich; wer sich durchsetzt, hat Willenskraft.

Wer seine Mitte nicht verliert, der überdauert; wer stirbt und doch nicht umkommt, der lebt.

Wer seinen Mund schließt und sich von Sinneseindrücken frei macht, der kommt sein Leben lang nicht in Gefahr.

Wer seinen Mund aufsperrt und sich in Geschäftigkeit verstrickt, dem ist sein Leben lang nicht zu helfen.   *Laotse*

*Was bin ich? Was soll ich tun? Was kann ich glauben
und hoffen?* Hierauf reduziert sich alles in der Philosophie. Es wäre zu wünschen, man könnte mehr
Dinge so vereinfachen ...

Georg Christoph Lichtenberg

Ich. Von der einen Seite wird mir mein Ich, das ich
durch die Ewigkeit schleppen soll, fast gleichgültig
und ist mir als ob es einerlei sei, daß das Ding den
Ruhm bekomme. Aber auf der andern ist diesem
Ich doch auf Ewigkeit hinaus auch das Sittenge-
setz, das Ebenbild Gottes anvertrauet, dessen es sich
würdiger zu machen hat. Auch erkenne ich an dem
Schätzen eines fremden Ich den Wert des eignen
an.

Jean Paul

Die Seele sitzt im Herzen wie in einem Haus: Ihre
Gedanken schickt sie wie durch eine Tür ein und
aus, erwägt hin und her, als wenn sie durch ein Fenster schaute, und ihre sonstigen Funktionen leitet
sie wie von einem angezündeten Feuer zum Gehirn wie zu einem Schornstein, um dort über diese
Leitkräfte zu entscheiden und sie auszusondern.
Hätte der Mensch diese Gedanken nicht, dann
fehlte ihm auch die Einsicht, und er würde daste-

hen wie ein Haus, an dem man Türen, Fenster und
Schornstein vergessen hat. Die Gedanken sind ja
die Urheber der Einsicht in Gut und Böse und die
ordnende Kraft in allen Dingen, und sie heißen
deshalb Gedanken.   *Hildegard von Bingen*

Was ist das *Ich?*

 Wenn ein Mensch sich ans Fenster setzt, um die
Vorübergehenden zu beobachten, und ich gehe an
ihm vorbei, kann ich dann sagen, daß er sich ans
Fenster gesetzt hat, um mich zu sehen? Nein; denn
er denkt nicht an mich im besonderen; aber der,
welcher jemanden um seiner Schönheit willen
liebt, liebt der ihn? Nein; denn die Blattern, welche
die Schönheit töten, ohne die Person zu töten, werden bewirken, daß er ihn nicht mehr liebt.

 Und wenn man mich um meines Urteils, meines Gedächtnisses willen liebt, liebt man dann
mich? Nein! denn ich kann diese Eigenschaften
verlieren, ohne mich selbst zu verlieren. Wo ist also
dieses *Ich,* wenn es weder im Leibe noch in der
Seele ist? Und wieso liebt man den Leib oder die
Seele, wenn nicht um dieser Eigenschaften willen,
die nicht das sind, was das Ich konstituiert, da sie
vergänglich sind? Könnte man denn die seelische

Substanz einer Person abstrakt lieben und irgend-
welche Eigenschaften, die sich darin befinden? Das
ist unmöglich und wäre ungerecht. Man liebt also
nie jemanden, sondern immer nur Eigenschaften.

Man mache sich also nicht mehr lustig über die,
welche sich um ihrer Ämter und Aufgaben willen
ehren lassen, denn man liebt die Menschen nur um
geborgter Eigenschaften willen.   *Blaise Pascal*

Der Erkenntnis ist es vor allen anderen Seelenkräf-
ten eigen, Einsicht zu nehmen, ob etwas in den
Handlungen der Menschen gut oder böse sei. Wie
ein Meister durchschaut sie alles, alles würfelt sie
durch, wie man den Weizen von der Spreu reinigt.
Sie erforscht, ob etwas nützlich oder schädlich, der
Liebe oder des Hasses wert, zum Leben oder zum
Tode sei. Ohne sie sind die übrigen Seelenkräfte
einsichtslos und stumpf, wie die Speise ohne Salz
schal ist.   *Hildegard von Bingen*

Wenn man etwas recht gründlich haßt, ohne zu
wissen, warum, so kann man überzeugt sein, daß
man davon einen Zug in seiner eigenen Natur hat.
          Friedrich Hebbel

43

Wenn es eine die Natur übersteigende Verblendung ist, zu leben ohne zu erforschen, was man ist, so ist es eine grauenhafte Verblendung, böse zu leben, während man an Gott glaubt. *Blaise Pascal*

Wenn Sie sich an die Natur halten, an das Einfache in ihr, an das Kleine, das kaum einer sieht, und das so unversehens zum Großen und Unermeßlichen werden kann; wenn Sie diese Liebe haben zu dem Geringen und ganz schlicht als ein Dienender das Vertrauen dessen zu gewinnen suchen, was arm scheint: Dann wird Ihnen alles leichter, einheitlicher und irgendwie versöhnender werden, nicht im Verstande vielleicht, der staunend zurückbleibt, aber in Ihrem innersten Bewußtsein, Wach-sein und Wissen. Sie sind so jung, so vor allem Anfang, und ich möchte Sie, so gut ich es kann, bitten, Geduld zu haben gegen alles Ungelöste in Ihrem Herzen und zu versuchen, die Fragen selbst liebzuhaben wie verschlossene Stuben und wie Bücher, die in einer sehr fremden Sprache geschrieben sind. Forschen Sie jetzt nicht nach den Antworten, die Ihnen nicht gegeben werden können, weil Sie sie nicht leben könnten. Und es handelt sich darum, alles zu leben. Leben Sie jetzt die Fragen. Vielleicht leben Sie dann allmählich, ohne es zu merken, eines fernen Tages in die Antwort hinein.

Rainer Maria Rilke

Du bist ein Mensch mit offenen Sinnen und viel auf dem Herzen und hast von jeher auf jede Ein-schachtelung gepfiffen. Sei Spezialist, wenn's sein muß, im Nebenamt, aber im Hauptamt sei Mensch. Wage zu irren, in hundert Einzelheiten, was ver-schlägt's! Weißt du dich nur im wesentlichen sicher.

Christian Morgenstern

Optimismus weist auf ein spontanes Fließen der Liebe, auch auf ein Vertrauen in die Liebe. Pessi-mismus entsteht aus Enttäuschung, einem schlech-ten Eindruck, der bestehen bleibt und so zu einem Hindernis auf dem Pfad wird. Optimismus ist eine hoffnungsvolle Haltung dem Leben gegenüber, während der Pessimist den eigenen Pfad im Dun-keln sieht. Ohne Zweifel ist im Pessimismus auch Gewissenhaftigkeit und Klugheit enthalten. Aber Gewissenhaftigkeit allein ist niemals genug, um die Schwierigkeiten des Lebens zu überwinden. Es ist das Vertrauen, das die Probleme löst.

Die psychologische Wirkung des Optimismus hilft, Erfolg zu haben; denn Gott hat die Welt aus dem Geist des Optimismus geschaffen. Optimismus kommt von Gott, Pessimismus wird im Herzen des Menschen geboren. Das Leben ist eine Gelegenheit. Für den optimistischen Menschen ist diese Gelegenheit ein Versprechen, während sie für den pessimistischen ein Verlust ist.   *Hazrat Inayat Khan*

Ich wache auf, um als Mensch zu wirken. Kann ich noch schlechtgelaunt sein, wenn ich mich anschicke, das zu tun, wozu ich geschaffen und auf die Welt gekommen bin? Oder bin ich dazu bestimmt, im Bett zu liegen und mich zu wärmen?

Marc Aurel

Mein Leben beginnt jeden Morgen neu und endet jeden Abend; Pläne und Absichten darüber hinaus habe ich keine; d. h., es kann natürlich zum Tagewerk gehören, vorauszudenken, aber eine »Sorge« für den kommenden Tag darf es nie sein.

Edith Stein

Kenntnis seiner Selbst: an Sinnesart, an Geist, an Urteil, an Neigungen. Keiner kann Herr über sich sein, wenn er sich nicht zuvor begriffen hat. Spiegel gibt es für das Antlitz, aber keine für die Seele;

daher sei ein solcher das verständige Nachdenken über sich; allenfalls vergesse man sein äußeres Bild, aber erhalte sich das innere gegenwärtig, um es zu verbessern, zu vervollkommnen. Man lerne die Kräfte seines Verstandes und seine Feinheit zu Unternehmungen kennen; man untersuche seine Tapferkeit, zum Einlassen in Händel; man ergründe seine ganze Tiefe und wäge seine sämtlichen Fähigkeiten zu allem.   *Baltasar Gracián*

Das Entscheidende bleibt doch immer der Charakter, nicht der eitle, wohl aber der gute und ehrliche Glaube an uns selbst. Bona fide müssen wir vorgehen. Aber mit unserer ewigen Kritik, eventuell auch Selbstkritik, geraten wir in eine mala fides hinein und mißtrauen uns selbst und dem, was wir zu sagen haben. Und ohne Glauben an uns und unsere Sache, keine rechte Lust und Freudigkeit und auch kein Segen, am wenigsten Autorität.

                                              Theodor Fontane

Zweifel muß nichts weiter sein als Wachsamkeit, sonst kann er gefährlich werden.

                                   Georg Christoph Lichtenberg

Es gibt keinen anderen Weg zum Heil als den müh-
samen fortwährenden Suchens. Resignieren ist ein
schönes Wort und besonders eindrucksvoll, wenn
ein »erhaben« davor steht, aber es läßt etwas in uns
absterben, und das ist nicht gut. Es hält die Magnet-
nadel in uns fest.   *Christian Morgenstern*

Die Leute sollten nicht immer soviel nachdenken,
was sie wohl tun sollten, sie sollten lieber bedenken, was sie sein sollten.   *Meister Eckhart*

Die meisten Menschen wollen die Welt verändern,
nur nicht sich selbst. Die anderen müssen sich verändern. Die da oben, sagen die unten. Die da unten, sagen die oben. Die Männer, sagen die Frauen.
Die Frauen, sagen die Männer. Wir fangen an, zu
drohen und Druck zu machen. Wir begreifen so
schwer, daß keiner ein Recht hat, andere zur Änderung zu zwingen. Nur Überzeugung, nur Einsicht, nur Freundschaft kann andere zur Änderung
bringen. Der Mensch ist das einzige Wesen, das sich
selbst zu verändern vermag. Wenn sich die Menschen nicht ändern, ändert sich nichts.

Die Welt verändern? Das fang ich immer wie-
der an – bei mir selbst.   *Phil Bosmans*

Schiebe nichts von dem, was du zu tun hast, auf die lange Bank, sei in deinen Gesprächen nicht unklar, in deinen Vorstellungen nicht unstet; deine Seele soll sich keinesfalls irgendwie in Mitleidenschaft ziehen lassen, außer sich geraten oder im Leben »keine Zeit« haben. Sie morden, zerfleischen, jagen uns mit ihren Flüchen – was hat das zu bedeuten, wenn nur die Seele rein, verständig, besonnen und gerecht bleibt? Es ist nichts anderes, als wenn ein Mensch an eine klare Quelle süßen Wassers heranträte und sie beschimpfte; sie läßt das kostbare Naß doch nach wie vor sprudeln. Und wenn du Schmutz oder Unrat hineinwirfst, sie wird beides sehr bald zerteilen und wegspülen und keine Trübung erfahren. Was mußt du tun, um in deiner Seele so einen ewig sprudelnden Quell zu haben, nicht nur gestandenes Wasser? Sei jederzeit darauf bedacht, ein innerlich freier und zugleich guter, schlichter und bescheidener Mensch zu werden!

Marc Aurel

Das macht den vollendeten Charakter aus: jeden Tag so leben, als wäre es der letzte, und weder erregt noch verkrampft noch unecht zu sein.

Marc Aurel

Sein Leben verständig einzuteilen verstehen; nicht wie es die Gelegenheit bringt, sondern mit Vorhersicht und Auswahl. Ohne Erholungen ist es mühselig, wie eine lange Reise ohne Gasthöfe; mannigfaltige Kenntnisse machen es genußreich. Die erste Tagesreise des schönen Lebens verwende man zur Unterhaltung mit den Toten: Wir leben, um zu erkennen und um uns selbst zu erkennen; also machen wahrhafte Bücher uns zu Menschen. Die zweite Tagereise bringe man mit den Lebenden zu, indem man alles Gute auf der Welt sieht und anmerkt: In einem Lande ist nicht alles zu finden; der Vater der Welt hat seine Gaben verteilt und bisweilen gerade die Häßliche am reichsten ausgestattet. Die dritte Tagereise hindurch gehöre man ganz sich selber an: Das letzte Glück ist, zu philosophieren.

Baltasar Gracián

Willensfreiheit ist das bewußte Begreifen des eigenen Lebens. Frei ist, wer sich als lebendig begreift. Und sich als lebendig begreifen heißt, das Gesetz seines Lebens zu begreifen, heißt, danach zu streben, das Gesetz des eigenen Lebens zu erfüllen.

Lew Nikolajewitsch Tolstoi

Die kleinen Schwächen legt man am schwersten ab, so wie man der Moskitos schwerer Herr wird als des Skorpions oder der Schlange. Und so ist es recht eigentlich das Kleine, was den Fortschritt der Menschheit aufhält: Gedankenlosigkeit, Unaufmerksamkeit, Trägheit, Lauheit.

Christian Morgenstern

Wenn es uns im Dunkel irgendwo sticht, so können wir gemeiniglich mit einer Nadelspitze die Stelle finden. Was für einen genauen Plan muß die Seele von ihrem Körper haben!

Georg Christoph Lichtenberg

Wer mit Ungeheuern kämpft, mag zusehen, daß er nicht dabei zum Ungeheuer wird. Und wenn du lange in einen Abgrund blickst, blickt der Abgrund auch in dich hinein. *Friedrich Nietzsche*

Habe Geduld gegen alles Ungelöste in deinem Herzen und versuche, die Fragen selbst liebzuhaben, wie verschlossene Stuben und wie Bücher, die in einer sehr fremden Sprache geschrieben sind. Forsche jetzt nicht nach den Antworten, die dir nicht gegeben werden können, weil du sie nicht leben kannst. Und es handelt sich darum, alles zu leben. Lebe jetzt die Fragen. Vielleicht lebst du dann allmählich, eines fernen Tages, in die Antwort hinein.

Rainer Maria Rilke

Worin kann das Leben der Seele bestehen, wenn [...] sie nicht bei sich verweilt, sondern in Auseinandersetzungen mit der Welt sich nach außen betätigt: In der *Stimme des Gewissens,* die sie zum rechten Tun anleitet und vor dem unrechten zurückhält, die über ihre Taten, wenn sie vollbracht sind, das Urteil spricht und über die Verfassung, in der sie die Seele zurücklassen. Das Gewissen offenbart, wie die Taten in der Tiefe der Seele verwurzelt sind, und es bindet das Ich – trotz seiner freien Beweglichkeit – in die Tiefe zurück: Die Stimme aus der Tiefe ruft es immer wieder dahin, wo es hingehört, um Rede und Antwort zu stehen über sein Tun und sich zu überzeugen, was es damit bewirkt hat – denn die Taten lassen ihre Spuren in der Seele zurück, sie ist nachher in einer anderen Verfassung, als sie vorher war.

Edith Stein

Die Seele wird im Sanskrit Atman genannt, was Glück oder Seligkeit bedeutet. Nicht so, daß das Glück zur Seele gehört, nein – die Seele selbst ist Glück. Heute verwechseln wir oft Glück mit Vergnügen, aber Vergnügen ist nur eine Illusion, ein Schatten des Glücks; und es kann sein, daß der Mensch in dieser Illusion sein ganzes Leben verbringt, immer wieder Vergnügen suchend und doch niemals Befriedigung findend. Ein Hindu-Wort sagt: Der Mensch sucht Vergnügen und findet Leid. Jedes Vergnügen scheint Glück zu sein, es verspricht Glück, aber es ist der Schatten des Glücks. So wie der Schatten einer Person nur die Form derselben wiedergibt und nicht die Person selbst ist, so ist auch das Vergnügen nur der Schatten und nicht das Glück selbst. *Hazrat Inayat Khan*

Gott hat deiner Seele Flügel gegeben,
um dich in den weiten Himmel
von Liebe und Freiheit zu erheben.
Ist es nicht traurig,
daß du die Flügel mit deinen
eigenen Händen brichst und es zuläßt,
daß deine Seele wie ein Insekt
auf dem Erdboden kriecht? *Khalil Gibran*

Die Raupe ist in ihrem selbstgesponnenen Kokon gefangen. Ebenso die Seele im Netz der eigenen Wünsche. Wenn sich aber aus der Raupe der Schmetterling entwickelt hat, bricht er den Kokon auf, um sich in der Freiheit an Sonne und Luft zu erfreuen.   *Ramakrishna*

Sobald die Seele sich zu entfalten und den in ihr verborgenen Sinn zu erkennen beginnt, beginnt sie auch, sich dessen zu erfreuen und das Vorrecht zu würdigen, daß sie lebt: Sie beginnt, alles zu schätzen, über alles zu staunen. Denn jede gute und auch jede schlechte Erfahrung bringt ihr eine gewisse Freude, die Freude an der Erfüllung des Lebensziels. Diese Freude fühlt sie nicht nur in der Lust, sondern selbst im Schmerz, bei einem Erfolg und auch bei einem Mißerfolg. Freude ist nicht nur der Heiterkeit des Herzens eigen; auch wenn das Herz bricht, fühlt es im Verborgenen eine gewisse Freude. Denn keine Erfahrung ist wertlos. Besonders für die Seele, die ihr Ziel zu erkennen beginnt, ist kein Augenblick im Leben verloren. Denn unter allen Umständen und in jeder Erfahrung wird sie des Sinns ihres Lebens gewahr.

Hazrat Inayat Khan

Wissen, welche Eigenschaft uns fehlt. Viele wären
ganze Leute, wenn ihnen nicht etwas abginge, ohne
welches sie nie zum Gipfel der Vollkommenheit
gelangen können. An einigen ist es bemerkbar, daß
sie sehr viel sein könnten, wenn sie sich in einer
Kleinigkeit besserten; so etwa fehlte es ihnen an
Ernst, was große Fähigkeiten verdunkeln kann; andern geht die Freundlichkeit des Wesens ab; eine
Eigenschaft, welche ihre nächste Umgebung bald
vermissen wird, zumal wenn sie Leute im Amt sind.
Andern wieder fehlt es an Tatkraft, noch andern an
Mäßigung. Allen diesen Übelständen würde leicht
abzuhelfen sein, wenn man sie nur selbst bemerkte;
denn Sorgfalt kann aus der Gewohnheit eine
zweite Natur machen. *Baltasar Gracián*

Der einzelne Mensch beweist seine Individualität
nicht dann, wenn er sich um sie bemüht, sondern
wenn er sie vergißt und nach Maßgabe seiner
Kräfte und Fähigkeiten tut, wozu ihn seine Natur
treibt. *Lew Nikolajewitsch Tolstoi*

Alle Zufälle unseres Lebens sind Materialien, aus
denen wir machen können, was wir wollen. Wer

viel Geist hat, macht viel aus seinem Leben. Jede Bekanntschaft, jeder Vorfall, wäre für den durchaus Geistigen erstes Glied einer unendlichen Reihe, Anfang eines unendlichen Romans.   *Novalis*

Es ist von entscheidender Bedeutung, mit welcher Absicht wir an etwas herantreten. Wenn etwa jemand mit vorwiegend grammatischen Interessen Vergil behandelt, wird er die berühmte Stelle »es flieht die unwiederbringliche Zeit« nicht im rechten Sinne deuten. Diese Stelle meint nämlich, daß man auf seinem Posten sein muß. Wenn wir uns nicht selber einbringen, hinken wir hinterher. Dann handelt die dahineilende Zeit; dann sind wir nur ihr Objekt. Ohne daß wir es gewahr werden, wird über uns entschieden. Wir verschieben alles auf die Zukunft, und während alles weitergeht, treten wir auf der Stelle.   *Lucius Annaeus Seneca*

Je mehr ein Mensch des ganzen Ernstes fähig ist, desto herzlicher kann er lachen.

Arthur Schopenhauer

Es kann ein Mensch lange Zeit in den besten Grundsätzen wie ein Schneemann eingefroren sitzen, aber die lustigen Frühlingsbäche unterwaschen schon heimlich plaudernd und neckend den Sitz unter ihm – ein Laut, der leise Flug eines Vogels: Und er stürzt kopfüber und verschüttet alle guten Vorsätze wieder. *Joseph von Eichendorff*

Viele Menschen sind beständige Schemata, die der nächste, beste Zufall ausfüllt. *Friedrich Hebbel*

Es ist im Leben wie im Schachspiel: Wir entwerfen einen Plan: Dieser bleibt jedoch bedingt durch das, was im Schachspiel dem Gegner, im Leben dem Schicksal, zu tun belieben wird. Die Modifikationen, welche hierdurch unser Plan erleidet, sind meistens so groß, daß er in der Ausführung kaum noch an einigen Grundzügen zu erkennen ist. *Arthur Schopenhauer*

Der Standpunkt macht es nicht, die *Art* macht es, wie man ihn vertritt. *Theodor Fontane*

Der zornige Gesichtsausdruck ist etwas sehr Naturwidriges. Wenn die Freundlichkeit oft auf deinem Antlitz erstirbt, verlöscht sie letzten Endes, so daß du sie überhaupt nicht wieder aufleuchten lassen kannst. Versuch gerade darum zu begreifen, daß er wider alle Vernunft ist! Denn wenn sich gar noch das Bewußtsein davon verliert, daß wir einen Fehler begehen, was gibt es dann noch für einen Grund, weiter zu leben?   *Marc Aurel*

Wer nie im Leben töricht war,
Ein Weiser war er nimmer.   *Heinrich Heine*

Mir war der verlorene Sohn schon immer verächtlich, aber nicht deswegen, weil er ein Schweinehirt war, sondern weil er wieder nach Haus gekommen ist.   *Johann Nepomuk Nestroy*

Es ist eine alte Regel: Ein Unverschämter kann bescheiden aussehen, wenn er will, aber kein Bescheidener unverschämt.

Georg Christoph Lichtenberg

Güte muß sich mit Verstand verbinden. Güte allein ist, wie ich im Leben erfahren habe, nicht viel wert. Man muß eine feine Unterscheidungsfähigkeit ausbilden, die mit Mut und Stärke des Geistes einhergeht. In schwierigen Lagen muß man erkennen, wenn es Zeit ist zu handeln und wann, sich zurückzuhalten.

Mahatma Gandhi

Erfahrung hat mir die Lehre gegeben, daß Schweigen ein Teil der spirituellen Zucht des Vertreters der Wahrheit ist. Neigung zur Übertreibung, zu wissentlicher oder unwissentlicher Unterdrückung oder Verdrehung der Wahrheit ist eine natürliche Schwäche des Menschen, und es bedarf des Schweigens, um sie zu überwinden. Ein Mensch weniger Worte wird selten in seinen Reden gedankenlos sein, er wird jedes Wort wägen.

Mahatma Gandhi

Der Mensch sollte alle seine Werke zunächst einmal in seinem Herzen erwägen, bevor er sie ausführte.

Hildegard von Bingen

Die Lebenskunst ist der des Ringers ähnlicher als der des Tänzers, denn es gilt, bei unvorhergesehenen Schlägen des Schicksals kampfbereit und unerschütterlich fest dazustehen.

Marc Aurel

Das Leben mit seinen verschiedenen Epochen ist eine Schatzkammer. Wir werden reich in *jedem* Gewölbe beschenkt; *wie* reich, das erkennen wir erst bei dem Eintritt in das *nächste* Gewölbe.

Friedrich Hebbel

Fordere viel von dir selbst
und erwarte wenig von anderen.
So bleibt dir mancher Ärger erspart.

Konfuzius

IV

Ein Freund ist gleichsam ein anderes Ich

*Man braucht ja nix als Liebe
und alles mögliche andere,
und die Erde ist ein Paradies.*

JOHANN NEPOMUK NESTROY

So notwendig wie die Freundschaft ist nichts im Leben. *Aristoteles*

Blumen können nicht blühen ohne die Wärme der Sonne. Menschen können nicht Mensch werden ohne die Wärme der Freundschaft. *Phil Bosmans*

Wie die Lehrer sagten, gibt es nur eines, das allen Menschen gleichermaßen eigen ist. Das ist ihre Einsamkeit. Keine zwei Personen auf der Oberfläche dieser Erde sind sich in irgend etwas gleich, außer in ihrer Einsamkeit. Das ist die Ursache für unser Wachstum, aber es ist auch die Ursache für unsere Kriege. Liebe, Haß, Neid und Großzügigkeit sind alle in unserer Einsamkeit verwurzelt, dem Wunsch, gebraucht und geliebt zu werden. Der einzige Weg, unsere Einsamkeit zu überwinden, ist das Berühren. Nur auf diesem Wege können wir lernen, ganze Wesen zu sein. Gott ist eine Gegenwart dieses Ganzen. *Hyemeyohsts Storm, Cheyenne*

Nicht unzugänglich sein. Keiner ist so vollkommen, daß er nicht zuzeiten fremder Erinnerung bedürfte; von unheilbarem Unverstand ist, wer niemanden anhören will. Sogar der Überlegenste soll freundschaftlichem Rate Raum geben, und selbst die königliche Macht darf nicht die Lenksamkeit ausschließen. Es gibt Leute, die rettungslos sind, weil sie sich allem verschließen, sie stürzen sich ins Verderben, weil keiner sich heranwagt, sie zurückzuhalten. Auch der Vorzüglichste soll der Freundschaft eine Türe offen halten, und sie wird die der Hilfe werden.   *Baltasar Gracián*

Ganz *er selbst sein* darf jeder nur so lange er allein ist: Wer also nicht die Einsamkeit liebt, der liebt auch nicht die Freiheit: Denn nur wenn man allein ist, ist man frei.   *Arthur Schopenhauer*

Allein zu sein und ohne Freunde bedeutet, ein Leben voller Gefahr und Angst zu führen. So drängt uns schon die Vernunft dazu, Freunde zu suchen. Erst solche geben dem Menschen Halt und die Hoffnung auf Freude.   *Marcus Tullius Cicero*

Kann einen klugen Freund er nicht erlangen, der mit ihm geht, rechtschaffen ist und weise, dann wie ein König, dessen Reich erobert, wandle er allein – ein Elefant im Walde.   *Gautama Buddha*

Wenn du dir eine rechte Freude machen willst, dann vergegenwärtige dir die Vorzüge deiner Mitmenschen, z. B. die Tatkraft des einen, die Bescheidenheit des anderen, die Freigebigkeit eines dritten, bei einem anderen wieder eine andere Tugend. Denn nichts beglückt uns so wie die gleichnishafte Darstellung der Tugenden in den Charakteren unserer Mitmenschen und ihre möglichst vollständige Zusammenstellung. Das ist der Grund, weshalb man sich die Vorzüge seiner Mitmenschen zum Bewußtsein bringen soll.   *Marc Aurel*

Nur Arbeitsame sich zu Freunden machen. – Der Müßige ist seinen Freunden gefährlich: Denn weil er nicht genug zu tun hat, redet er davon, was seine Freunde tun und nicht tun, mischt sich endlich hinein und macht sich beschwerlich: weshalb man klugerweise nur mit Arbeitsamen Freundschaft schließen soll.   *Friedrich Nietzsche*

Die Freunde seiner Wahl, denn erst nachdem der Verstand sie geprüft und das wechselnde Glück sie erprobt hat, sollen sie es sein, erkoren nicht bloß durch die Neigung, sondern auch durch die Einsicht. Obgleich hierin es gut zu treffen, das Wichtigste im Leben ist, wird doch die wenigste Sorgfalt darauf verwendet.

Es gibt echte und unechte Freundschaften, diese zum Ergötzen, jene zur Fruchtbarkeit an vortrefflichen Gedanken und Taten. Wenige sind Freunde der Person, die meisten Freunde der Glücksumstände. Die tüchtige Einsicht eines Freundes nützt mehr als der gute Wille vieler anderer; daher verdanke man sie seiner Wahl, nicht dem Zufall.

Baltasar Gracián

Ist es gerecht, von dem einen Freund die ganze Freundschaft zu erwarten, ohne selbst etwas einzubringen? Wir möchten gern mit den Weißen als unseren Brüdern leben, aber erwartetet nicht, daß wir Indianer die ganze Brüderlichkeit und Liebe ohne euch tragen. *Tatanka Ptecila (Short Bull), Dakota*

Seine Freunde zu nutzen verstehen. Auch dabei hat
die Klugheit ihre Kunst. Einige sind gut in der
Ferne, andre in der Nähe. Mancher taugt nicht für
die Unterredung, aber sehr für den Briefwechsel:
Die Entfernung nimmt einige Fehler hinweg, welche in der Nähe unerträglich waren. Nicht bloß
Ergötzen, sondern auch Nutzen muß man aus seinem Freunde schöpfen; denn er muß die drei Eigenschaften besitzen, welche einige dem Guten, andere dem Dinge überhaupt beilegen: Einheit, Güte
und Wahrheit. Denn der Freund ist alles in allem.

Baltasar Gracián

Mangel an Vertraulichkeit. – Mangel an Vertraulichkeit unter Freunden ist ein Fehler, der nicht
gerügt werden kann, ohne unheilbar zu werden.

Friedrich Nietzsche

Die Freunde nennen sich aufrichtig; die Feinde sind
es: Daher man ihren Tadel zur Selbsterkenntnis benutzen sollte, als eine bittere Arznei. –

Arthur Schopenhauer

Zürnet dein Freund mit dir, so verschaff' ihm eine Gelegenheit, dir einen großen Gefallen zu erweisen; darüber muß sein Herz zerfließen und er wird dich wieder lieben. *Jean Paul*

Freundschaft und Liebe verschwinden immer mehr; in der Familie kommen diese Luxusartikel noch vor, weil die Familie nichts ist als ein auf 3 oder 5 (höhere Zahlen sehr selten) erweitertes Individuum, das von ein und demselben Egoismus inspiriert wird; da kommt dann noch ein annähernd gemeinschaftliches Fühlen vor, und die Berührungen mit dem Knotenstock oder mit drei Pfauenfedern, wie sie dem einen zuteil werden, treffen den andern mit. Aber sowie man über den Kreis der Familie hinaus ist, beginnt die Sahara, dann und wann eine Oase mit einem Baum und einem Quell, sonst nur Wüstengeier und die Trümmer der armen Kamele, die vor einem des Weges zogen und jämmerlich umkamen in Sand und wieder Sand. *Theodor Fontane*

Wir waren Freunde und sind uns fremd geworden. Aber das ist recht so, und wir wollen's uns nicht verhehlen und verdunkeln, als ob wir uns dessen zu schämen hätten. Wir sind zwei Schiffe, deren jedes sein Ziel und seine Bahn hat; wir können uns wohl kreuzen und Feste miteinander feiern, wie wir es getan haben, – und dann lagen die braven Schiffe so ruhig in einem Hafen und in einer Sonne, daß es scheinen mochte, sie seien schon am Ziele und hätten ein Ziel gehabt. Aber dann trieb uns die allmächtige Gewalt unserer Aufgabe wieder auseinander, in verschiedene Meere und Sonnenstriche, und vielleicht sehen wir uns nie wieder, – vielleicht auch sehen wir uns wohl, aber erkennen uns nicht wieder: Die verschiedenen Meere und Sonnen haben uns verändert! Daß wir uns fremd werden mußten, ist das Gesetz über uns: Eben dadurch sollen wir uns auch ehrwürdiger werden! Und so wollen wir an unsere Sternenfreundschaft glauben, selbst wenn wir einander Erdenfeinde sein müßten.   *Friedrich Nietzsche*

Wenn zwei Menschen sich lieben und wenn sie wollen, daß Liebe bleibt, müssen sie dieselbe Richtung wählen.

Erst wenn sie auf demselben Weg gehen, werden sie sich immer näherkommen.   *Phil Bosmans*

Ein jeder soll den Weg des andern achten,
wo zwei sich redlich zu vollenden trachten.

Christian Morgenstern

Liebhaben von Mensch zu Mensch: Das ist vielleicht das Schwerste, was uns aufgegeben ist, das
Äußerste, die letzte Probe und Prüfung, die Arbeit,
für die alle andere Arbeit nur Vorbereitung ist.

Darum können junge Menschen, die Anfänger
in allem sind, die Liebe noch nicht: Sie müssen sie
lernen. Mit dem ganzen Wesen, mit allen Kräften,
versammelt um ihr einsames, banges, aufwärts
schlagendes Herz, müssen sie lieben lernen. Lern-
zeit aber ist immer eine lange, abgeschlossene Zeit,
und so ist Lieben für lange hinaus und weit ins Leben hinein −: Einsamkeit, gesteigertes und vertief-
tes Alleinsein für den, der liebt. Lieben ist zunächst
nichts, was aufgehen, hingeben und sich mit einem
Zweiten vereinen heißt (denn was wäre eine Vereinigung von Ungeklärtem und Unfertigem, noch
Untergeordnetem −?), es ist ein erhabener Anlaß
für den Einzelnen, zu reifen, in sich etwas zu werden, Welt zu werden, Welt zu werden für sich um
eines anderen willen [...].

Rainer Maria Rilke

Man soll die Verirrungen des Geistes nicht für ein Bedürfnis des Herzens halten.

Johann Nepomuk Nestroy

Die Kurzsichtigen sind verliebt. – Mitunter genügt schon eine stärkere Brille, um den Verliebten zu heilen; und wer die Kraft der Einbildung hätte, um ein Gesicht, eine Gestalt sich zwanzig Jahre älter vorzustellen, ginge vielleicht sehr ungestört durch das Leben.

Friedrich Nietzsche

Verliebte und Verrückte sind leicht zu betrügen, sie gehen beide geradeaus auf ihre fixierten Ideale los –

Joseph von Eichendorff

Die Menschen sollen einander lieben, aber damit ist nicht gesagt, daß ihnen dies nicht so schwer wie möglich gemacht wird und fallen soll, denn es gibt keine wohlfeile Liebe.

Christian Morgenstern

Wer meint, um sich gern zu haben, müsse man sich den ganzen Tag festhalten, weiß nicht, was Liebe ist.

Phil Bosmans

Liebe, wie ich sie verstehe, gibt es nur einmal, und ich würde Dir daher nie von Liebe ernsthaft geredet haben, wenn sie in meinem Leben schon dagewesen wäre. Was da war, war dies und das; Zärtlichkeitsbedürfnis wohl vor allem, Anmutsverehrung, Rührung. Nie Leidenschaft. Damit aber fängt Liebe doch wohl erst an.   *Christian Morgenstern*

Im übrigen ist einem der Mensch nicht das, was er *überhaupt* ist, sondern, das was er einem allerpersönlichst und ganz im Speziellen ist, wobei sich's treffen kann, daß einem eine fragwürdige Gestalt vielmehr an Herz gewachsen ist als irgend ein Tugendpriester und Gesinnungstrampel. Im Verkehr der Menschen untereinander ist Liebe das Entscheidende; wer mich liebt und mir beständig die Beweise davon gibt, den liebe ich wieder und frage den Teufel danach, ob er andern gefällt oder eine sittliche Größe repräsentiert.   *Theodor Fontane*

Es ist viel Glück, zur Hochachtung auch die Liebe zu besitzen. Gemeiniglich darf man, um sich die Achtung zu erhalten, nicht sehr geliebt sein. Die Liebe ist verwegener als der Haß. Zuneigung und

Verehrung lassen sich nicht wohl vereinen. Zwar soll man nicht sehr gefürchtet sein, aber auch nicht sehr geliebt. Die Liebe führt die Vertraulichkeit ein, und mit jedem Schritt, den diese vorwärts macht, macht die Hochachtung einen zurück. Man sei eher im Besitz einer verehrenden als einer hingebenden Liebe: So ist sie ganzen Leuten angemessen.

Baltasar Gracián

Zärtlichkeit und Güte sind keine Zeichen von Schwäche und Verzweiflung, sondern Ausdruck von Stärke und Entschlossenheit. *Khalil Gibran*

Schließt denn Erkenntnis die Liebe aus? Oder ist es nicht vielmehr so: Je mehr Erkennen, desto mehr Liebe? *Christian Morgenstern*

Die Liebe ist wie die Sonne. Wer sie hat, dem kann vieles fehlen. Wem die Liebe fehlt, dem fehlt alles.

Die Sonne ist für viele das Gewöhnlichste von der Welt. Und dabei wirkt sie Wunder Tag für Tag. Licht und Feuer macht sie an – für mich.

Gegen Wolken geht sie an – um mich zu sehen, um mir Guten Tag zu sagen.

Des Nachts ist sie am anderen Ende der Erde, um den Menschen auch dort ihr Licht zu schenken. Nehm' ich die Sonne weg, wird es finster und kalt.

So ist es mit der Liebe. Geht die Liebe auf in meinem Leben, dann kommt Licht, dann wird es warm. Habe ich Liebe, dann kann mir vieles fehlen. Geht die Liebe unter in meinem Leben, dann wachsen die schwarzen Schatten. Finsternis macht sich breit und Kälte. *Phil Bosmans*

Es gibt noch eine größere Liebe als die nach dem Besitz des geliebten Gegenstandes sich sehnende: die, die geliebte Seele erlösen zu wollende. Und diese Liebe ist so göttlich schön, daß es nichts Schöneres auf Erden gibt. *Christian Morgenstern*

Das innerste Wesen der Liebe ist Hingabe. – Verlangen, Wollen und Liebe haben alle gemeinsam, daß sie ein Gut bejahen. Das Verlangen ist auf das Empfangen des begehrten Gutes gerichtet, das Wollen auf seine Verwirklichung mit Einsatz des eigenen Tuns, sofern es dessen bedarf. Die Liebe ist Hingabe an das Gut. Hingabe im eigentlichen Sinn ist nur einer Person gegenüber möglich. So geht die Liebe im vollen und eigentlichen Sinn von Person zu Person, wenn es auch mancherlei »von der Art der Liebe« gibt, was auf Unpersönliches gerichtet ist. Die Hingabe zielt auf Einswerden, sie kommt erst zur Vollendung durch Annahme von seiten der geliebten Person. So fordert die Liebe zu ihrer Vollendung die Wechselhingabe der Personen. Und nur so kann die Liebe auch volles Jasagen sein, weil eine Person sich der andern nur in der Hingabe erschließt. Nur im Einswerden ist eigentliche Erkenntnis von Personen möglich. Die Liebe in dieser höchsten Erfüllung schließt also die Erkenntnis ein. Sie ist zugleich Empfangen und freie Tat. So schließt sie auch den Willen ein und ist Erfüllung des Verlangens.   *Edith Stein*

Die Liebe, womit uns der gute andere umfängt, ist so etwas Mystisches, daß wir uns gar nicht in seine Seele denken mögen, weil wir seinen guten Begriff von unserem Ich nicht teilen können – wir begreifen (trotz dem Bewußtsein unseres Wertes) nicht, wie man uns lieben könne; aber wir finden uns darein, wenn wir bedenken, daß der andere seinerseits ebensowenig unsere Liebe gegen ihn müsse fassen können.   *Jean Paul*

Die Liebenden
Sieh, wie sie zu einander erwachsen:
In ihren Adern wird alles Geist.
Ihre Gestalten beben wie Achsen,
um die es heiß und hinreißend kreist.
Dürstende, und sie bekommen zu trinken,
Wache und sieh: Sie bekommen zu sehn.
Laß sie ineinander sinken,
um einander zu überstehn.   *Rainer Maria Rilke*

Die Liebe hat den Menschen erschaffen, die Demut hat ihn erlöst. Die Hoffnung ist wie das Auge
der Liebe, die Liebe zum Himmlischen ist ihr Zusammenhalt. Der Glaube ist gleichsam das Auge der
Demut, der Gehorsam ihr Herz, die Verachtung des
Bösen ihr Zusammenhalt. Die Liebe war in der
Ewigkeit und brachte im Anfang aller Heiligkeit
alle Geschöpfe ohne Beimischung des Bösen hervor.   *Hildegard von Bingen*

Nur durch die Liebe kann der Mensch von sich
selbst befreit werden.   *Friedrich Hebbel*

Jedes Du ist ein Supplement zum großen Ich. Wir sind gar nicht Ich – wir können und sollen aber Ich werden. Wir sind Keime zum Ich-werden. Wir sollen alles in ein Du, in ein zweites Ich verwandeln – nur dadurch erheben wir uns selbst zum großen Ich, das eins und alles zugleich ist.   *Novalis*

Wie soll ich meine Seele halten, daß sie nicht an deine rührt? Wie soll ich sie hinheben über dich zu andern Dingen? Ach gerne möcht ich sie bei irgendwas Verlorenem im Dunkel unterbringen an einer fremden stillen Stelle, die nicht weiterschwingt, wenn deine Tiefen schwingen.

Doch alles, was uns anrührt, dich und mich, nimmt uns zusammen wie ein Bogenstrich, der aus zwei Saiten *eine* Stimme zieht. Auf welches Instrument sind wir gespannt? Und welcher Geiger hat uns in der Hand? O süßes Lied.

Rainer Maria Rilke

Die Liebe steht über dem Gesetz, und das Gesetz ist weniger als die Liebe. Es gibt keinen Vergleich zwischen beiden: Die Liebe ist vom Himmel, das Gesetz gehört zur Erde. Wenn die Liebe stirbt, beginnt das Gesetz. Darum kann das Gesetz niemals einen

76

Platz für die Liebe finden, noch kann die Liebe sich jemals innerhalb des Gesetzes beschränken, da das eine begrenzt ist, das andere unbegrenzt wie das Leben selbst. Der Liebende kann keinen Grund angeben, warum er einen bestimmten Menschen liebt; denn es gibt für alles eine Ursache außer für die Liebe.

Die Liebe kann besser heilen als irgend etwas in der Welt. Nichts kann mit der Berührung durch die Mutter verglichen werden, wenn ein Kind Schmerzen hat.

Der Liebende bedarf keiner Konzentration. Die Liebe selbst ist seine Konzentration, die ihn über alle Dinge hinauswachsen läßt.   *Hazrat Inayat Khan*

Nichts ist zu schwer für den, der liebt.

Marcus Tullius Cicero

Es ist ein Unsinn zu glauben, man könne glücklich werden, wenn man vierhändig eine Sonate spielen kann. Die Ehe ist auf andern Sachen aufgebaut.

Theodor Fontane

Die Nächstenliebe beginnt bei sich selbst.

Johann Nepomuk Nestroy

Es gibt Menschen von eigensinniger und wunderlicher Individualität, die nicht zum Ehestande gemacht sind. Eheleute müssen eine Art von Mischung der Selbständigkeit und Unselbständigkeit haben. Sie müssen festen Charakter als *Sachen* haben, um ein *Besitztum* sein zu können – und doch geschmeidig, elastisch und durchaus *bestimmt,* ohne eigensinnig und ängstlich zu sein.

Novalis

Was die wahre Freundschaft und nochmehr das glückliche Band der Ehe so entzückend macht, ist die Erweiterung seines *Ichs,* und zwar über ein Feld hinaus, das sich im einzelnen Menschen durch keine Kunst in der Welt schaffen läßt. Zwei Seelen, die sich vereinigen, vereinigen sich dennoch nie ganz so, daß nicht immer noch der beiden so vorteilhafte Unterschied bliebe, der die *Mitteilung* so angenehm macht. Wer sich sein eigenes Leiden klagt, klagt es sicherlich vergeblich; wer es der Frau klagt, klagt es einem Selbst, das helfen kann und schon durch die Teilnahme hilft. Ebenso, wer gern sein Verdienst gerühmt hört, findet ebenfalls in ihr ein Publikum, gegen welches er sich rühmen kann, ohne Gefahr sich lächerlich zu machen.

Georg Christoph Lichtenberg

Wer in sich selbst verliebt ist, hat wenigstens bei seiner Liebe den Vorteil, daß er nicht viele Nebenbuhler erhalten wird.   *Georg Christoph Lichtenberg*

Die Ehe als langes Gespräch. – Man soll sich beim Eingehen einer Ehe die Frage vorlegen: Glaubst du, dich mit dieser Frau bis ins Alter hinein gut zu unterhalten? Alles andere in der Ehe ist transitorisch, aber die meiste Zeit des Verkehrs gehört dem Gespräche an.   *Friedrich Nietzsche*

Die Ehen werden im Himmel geschlossen, [...] darum erfordert dieser Stand auch meistens eine überirdische Geduld.   *Johann Nepomuk Nestroy*

Die meisten verdienen den Namen Liebhaber deßtwegen, weil s' außer der Lieb' gar nix haben.
   Johann Nepomuk Nestroy

Warum Menschen, die sich lieb haben, voneinandergehen, eh es nötig ist? – ja: Vielleicht, weil diese Notwendigkeit jeden Augenblick heraustreten und fordern kann. Weil es doch etwas so sehr Vorläufiges ist: beisammen zu sein und sich lieb zu haben. Weil dahinter doch in jedem – oft eingestanden, oft verleugnet – die merkwürdige Gewißheit wartet, daß alles, was über ein schönes, in seinem Wesen fortschrittloses Mittelmaß hinausreicht, doch völlig allein, als von einem unendlich Einzelnen (fast Einzigen) wird empfangen, ertragen und bewältigt sein müssen. Die Stunde des Sterbens, die diese Einsicht einem jeden abringt, ist nur eine von unseren Stunden und keine ausnahmsweise: Unser Wesen geht immerfort in Veränderungen über und ein, die an Intensität vielleicht nicht geringer sind als das Neue, Nächste und Übernächste, das der Tod mit sich bringt. Und so wie wir einander an einer bestimmten Stelle jenes auffallendsten Wechsels ganz und gar lassen müssen, so müssen wir, strenggenommen, einander jeden Augenblick aufgeben und weiterlassen und nicht zurückhalten.

Rainer Maria Rilke

Ich meine, es müßte einmal ein sehr großer Schmerz über die Menschen kommen, wenn sie erkennen, daß sie sich nicht geliebt haben, wie sie sich hätten lieben können. *Christian Morgenstern*

V

Das Glück ist ein Talent

Freiheit ist wie Glück –
dem schädlich –
und jenem nützlich

<small>NOVALIS</small>

GLÜCK IST TALENT FÜR DIE HISTORIE, oder das Schicksal. Der Sinn für Begebenheiten ist der prophetische – und Glück ist der divinatorische Instinkt. (Die Alten rechneten daher mit Recht das Glück eines Menschen zu seinen Talenten).

Novalis

Es gibt nur *einen* angeborenen Irrtum, und es ist der, daß wir da sind, um glücklich zu sein.

Arthur Schopenhauer

Wenn sich jemand zwar durch Gesundheit und Kraft, äußere Schönheit und durch besonders scharfe Sinne auszeichnet – füge meinetwegen noch Gewandtheit und Behendigkeit hinzu, lege auch noch Reichtum, Ehrungen, Macht, Einfluß und Ruhm darauf – wenn dieser Betreffende aber zugleich ungerecht, unbeherrscht, verantwortungsscheu, stumpf oder gar geistlos ist, würdest du da zögern, ihn einen unglücklichen Menschen zu nennen?

Marcus Tullius Cicero

Glücklich ist daher ein Leben, wenn es seiner Natur entspricht. Das kann aber nur erreicht werden, wenn der Geist fürs erste gesund ist und beständig gesund bleibt; sodann wenn er stark und tatkräftig ist, edel und geduldig, in die Zeit sich schickend, auf den Körper und dessen Bedürfnisse sorgsam, aber ohne Ängstlichkeit Bedacht nehmend, aufmerksam auf alles andere, was zum Leben gehört, ohne zu großen Wert auf irgendein einzelnes zu legen, die Gaben des Glücks benutzend, aber ohne ihr Sklave zu sein.

Lucius Annaeus Seneca

Möglichst viel Glück, sagt man. Aber wie, wenn die höchste Glücksempfindung einen Menschen voraussetze, der auch Allertiefstes gelitten haben muß? Wenn Glücksgefühl überhaupt erst möglich wäre in einem durch Lust *und* Unlust gereiften Herzen? Wer möglichst viel Glücksmöglichkeiten fordert, muß auch möglichst viel Unglück fordern, oder er negiert ihre Grundbedingungen.

Christian Morgenstern

Daß für unser Glück und unsern Genuß das Subjektive ungleich wesentlicher, als das Objektive sei, bestätigt sich in allem: von dem an, daß Hunger der beste Koch ist und der Greis die Göttin des Jünglings gleichgültig ansieht, bis hinauf zum Leben des Genies und des Heiligen. Besonders überwiegt die

Gesundheit alle äußeren Güter so sehr, daß wahrlich ein gesunder Bettler glücklicher ist, als ein kranker König.   *Arthur Schopenhauer*

Ein glückliches Leben besteht in erster Linie aus Freiheit von Sorgen.   *Marcus Tullius Cicero*

Verdoppeln läßt sich das Glück nur, wenn man es teilt.   *Johann Nepomuk Nestroy*

Es gibt nur ein Anzeichen für Weisheit: gute Laune, die anhält.   *Michel de Montaigne*

Tausend heitere, angenehme Stunden lassen wir mit verdrießlichem Gesicht ungenossen an uns vorüberziehn, um nachher, zur trüben Zeit, mit vergeblicher Sehnsucht ihnen nachzuseufzen.

Arthur Schopenhauer

Ich trage meine Nebel und meinen Sonnenschein in meinem Inneren; mit Glück und Unglück in meinen Geschäften ist es ebenso: Sie haben wenig

Einfluß auf mich. Ich mache zuweilen aus mir selbst heraus Anstrengungen gegen das Schicksal; der Ruhm, es zu bezwingen, macht, daß ich es heiter bezwinge; während ich zuweilen den Mißvergnügten spiele, wenn das Glück mir günstig ist.

Blaise Pascal

Die Kunst, Glück zu haben. Es gibt Regeln für das Glück, denn für den Klugen ist nicht alles Zufall. Die Bemühung kann dem Glücke nachhelfen. Einige begnügen sich damit, sich wohlgemut an das Tor der Glücksgöttin zu stellen, und zu erwarten, daß sie öffne. Andere, schon besser, streben vorwärts und machen ihre kluge Kühnheit geltend, damit sie auf den Flügeln ihres Wertes und ihrer Tapferkeit die Göttin erreichen und ihre Gunst gewinnen mögen. Jedoch richtig philosophiert gibt es keinen andern Weg als den der Tugend und Umsicht, indem jeder gerade so viel Glück und so viel Unglück hat, als Klugheit oder Unklugheit.

Baltasar Gracián

Wenn die Dummheit in der Regel mehr Glück als die Weisheit hat, so ist es eigentlich schon eine halbe Dummheit, wenn man nach Weisheit trachtet. Und wie oft hat der Gescheite Momente, wo er sich wünscht, recht dumm zu sein; der Dumme hingegen wünscht sich nie, gescheit zu sein, er glaubt es ohnedem, daß er es ist, und in dieser Leichtfertigkeit liegt schon eine Art Glückseligkeit, währenddem das Vielwissen zu gar nix ist, als daß es einem Kopfweh macht. *Johann Nepomuk Nestroy*

Alle Gelegenheit, glücklich zu werden, hilft nichts, wer den Verstand nicht hat, sie zu benutzen.

Johann Peter Hebel

Die Herrlichkeit der Welt ist immer adäquat der Herrlichkeit des Geistes, der sie betrachtet – der Gute findet hier sein Paradies – der Schlechte genießt schon hier seine Hölle – *Heinrich Heine*

Heute ist der Tag, um glücklich zu sein!

Kein anderer Tag ist dir gegeben als der Tag von heute, um zu leben, um fröhlich und zufrieden zu sein. Wenn du heute nicht lebst, hast du den Tag verloren.

Verdüstere deinen Geist nicht mit Angst und Sorgen von morgen. Beschwere dein Herz nicht mit dem ganzen Elend von gestern.

Lebe heute!

An das Gute von gestern magst du getrost denken. Träume auch von den schönen Dingen, die morgen kommen mögen. Aber verliere dich nicht ins Gestern oder ins Morgen.

Gestern: schon vorbei. Morgen: kommt erst noch. Heute: der einzige Tag, den du in der Hand hast.

Mach daraus deinen besten Tag!　　*Phil Bosmans*

Er kann sich einen ganzen Tag in einer warmen Vorstellung sonnen.　　*Georg Christoph Lichtenberg*

Aber liegt nicht in jedem großen Augenblick, gleichviel ob er hell oder dunkel, richtig oder falsch, ein Glück?　　*Christian Morgenstern*

Ich denke, *das* heißt leben, wenn man zu jeder Zeit dem Augenblick zurufen möchte: »Verweile doch, du bist so schön.« Diese Befriedigung im Glück, diese Flitterwochenschaft kann uns nicht durch ein ganzes Leben begleiten, aber man muß sich sicherlich davor hüten, nie eine Gegenwart zu haben, weil man immer auf eine Zukunft hofft. Im allgemeinen versteh ich es, zum Bewußtsein eines *gegenwärtigen* Glückes zu gelangen, und ich freue mich dessen. *Theodor Fontane*

Glücklich sein ist bei weitem nicht das, als aufhören unglücklich zu sein. *Johann Nepomuk Nestroy*

Eigentlich ist es ein Glück, ein Leben lang an einer Sehnsucht zu lutschen ... *Theodor Fontane*

Etwas zu wünschen übrig haben, um nicht vor lauter Glück unglücklich zu sein. Der Leib will atmen, und der Geist streben. Wer alles besäße, wäre über alles enttäuscht und mißvergnügt. Sogar dem Verstande muß etwas zu wissen übrig bleiben, was die Neugierde lockt und die Hoffnung belebt. Übersättigungen an Glück sind tödlich. Beim Belohnen ist es eine Geschicklichkeit, nie gänzlich zufrieden zu stellen. Ist nichts mehr zu wünschen, so ist alles zu fürchten. Unglückliches Glück! Wo der Wunsch aufhört, beginnt die Furcht. *Baltasar Gracián*

Ich war einmal, wo immer man mich antraf, ein glücklicher Mensch. Glücklich sein aber heißt, daß du dir selbst ein gutes Schicksal sicherst. Gute Schicksale aber sind Gutartigkeit der Seele, gute Neigungen und gute Handlungen.   *Marc Aurel*

... es liegt in der Eigenwilligkeit der menschlichen Natur, das Glück wie ein natürliches Resultat eignen Tuns und Könnens anzusehn ...

                                        Theodor Fontane

Du kannst immer glücklich sein, wenn du nur den rechten Weg zu gehen und richtig zu denken und zu handeln weißt. Denn dies beides ist der denkenden Seele der Gottheit und des Menschen und jedes denkenden Wesens gemeinsam: sich von nichts anderem in ihrem Tun Einhalt gebieten zu lassen, ihr Heil in gerechter Gesinnung und Tat zu sehen und alles Streben nur an diesem Ziele enden zu lassen.   *Marc Aurel*

Glück ist allein der innere Friede. Lerne ihn finden. Du kannst es. Überwinde dich selbst, und du wirst die Welt überwinden.   *Gautama Buddha*

Willst du dich nicht endlich in den Genuß des Glückes bringen, die Menschen von ganzem Herzen zu lieben? Wirst du nicht endlich einmal satt und zufrieden und ersehnst und verlangst nicht weiter Beseeltes oder Unbeseeltes, nur um Lust empfinden zu können: nicht mehr Zeit, damit du länger genießen kannst, nicht ein anderes Heim oder Land oder ein beglückenderes Klima oder sympathischere Menschen? Wann wirst du dich lieber mit deiner Lage, wie sie zur Zeit ist, zufrieden geben und dich über alles freuen, was dein ist, und dir dabei klarmachen, daß du alles, was dir beschieden ist, der Gnade der Himmlischen verdankst? Daß alles zu deinem Glück ist und sein wird, was ihnen gefällt und was sie zur Erhaltung des allein vollkommenen Wesens, des Kosmos, schicken werden, der gut, gerecht und schön ist, alles erzeugt und zusammenhält, umfaßt und umschließt, was sich nur auflöst, um anderem Wesensgleichen ins Leben zu verhelfen? Kommst du nun endlich einmal dahin, so mit Göttern und Menschen zusammenzuwirken, daß du weder ihnen etwas vorwirfst noch dich ihrer Verurteilung aussetzt? *Marc Aurel*

Der Gescheitere und Stärkere wird immer den Dümmeren und Schwächeren ausnutzen. Gerechtigkeit und gleiches Glück kann durch nichts erreicht werden, das weniger fordert als das Christentum, nämlich seiner selbst zu entsagen und den Sinn des eigenen Lebens im Dienst an anderen zu erkennen. *Lew Nikolajewitsch Tolstoi*

Das Glück derer, welche die Früchte der höchsten, verfeinertsten Zivilisation und Kultur genießen, und derer, die in primitivster Wildheit leben, ist absolut gleich. Das menschliche Glück kann durch Wissenschaft – Zivilisation und Kultur ebensowenig vermehrt werden, wie sich bewirken läßt, daß eine Wasseroberfläche an der einen Stelle höher ist als an der anderen. Vermehrung des menschlichen Glücks wird nur durch Vermehrung der Liebe möglich, die ihrem Wesen nach alle Menschen gleichmacht; wissenschaftliche, technische Errungenschaften dagegen sind altersbedingt, und zivilisierte Menschen übertreffen nichtzivilisierte an Wohlbefinden ebensowenig wie ein Erwachsener einen nicht Erwachsenen. Glück entsteht nur durch Vermehrung der Liebe. *Lew Nikolajewitsch Tolstoi*

... Glück ist doch besser als Verdienst, und es wohnt ihm auch eine schöne, poetische, gutmachende Seite ein.

Theodor Fontane

Das Glück ist kein Geschenk Gottes, es ist nur ein Darlehn.

Theodor Fontane

Die Realität jeder Freude ist unbeschreiblich in der Welt, nur in der Freude geht noch die Schöpfung vor sich (das Glück dagegen ist nur eine versprechliche und deutsame Konstellation schon vorhandener Dinge), die Freude aber ist eine wunderbare Vermehrung des schon Bestehenden, ein purer Zuwachs aus dem Nichts heraus.

Wie schwach muß im Grunde doch das Glück uns beschäftigen, da es uns sofort Zeit läßt, an seine Dauer zu denken und darum besorgt zu sein: Die Freude ist ein Moment, unverpflichtet, von vornherein zeitlos, nicht zu halten, aber auch nicht eigentlich wieder zu verlieren, indem unter ihrer Erschütterung unser Wesen sich gewissermaßen chemisch verändert, nicht nur, wie es im Glück der Fall sein mag, in einer neuen Mischung sich selber kostet und genießt.

Rainer Maria Rilke

Wir streben nach Glück, nach Wohlergehen. Wir sagen uns: Ich könnte nur dann Wohlergehen erringen, glücklich sein, wenn alle anderen Wesen mich mehr liebten als sich selbst. Das ist ein Ding der Unmöglichkeit; aber trotzdem leben wir; und all unser Tun, unser Streben nach Reichtum, nach Ruhm, nach Macht ist nichts weiter als der Versuch, die anderen zu zwingen, uns mehr zu lieben, als sie sich selbst lieben.

Reichtum, Ruhm und Macht liefern uns ein Abbild einer solchen Ordnung der Dinge; und wir sind nahezu zufrieden, vergessen zeitweise, daß dies nur ein Abbild und nicht Wirklichkeit ist. Alle Wesen lieben sich selbst mehr als uns, und Glück ist unmöglich. Es gibt Menschen (und ihre Zahl vergrößert sich von Tag zu Tag), die sich, außerstande, dieses Problem zu bewältigen, eine Kugel durch den Kopf jagen, da sie meinen, das Leben sei ein einziger Betrug.

Und dennoch ist die Lösung des Problems mehr als einfach und drängt sich geradezu von selbst auf. Ich kann nur dann glücklich sein, wenn in dieser Welt eine Ordnung existiert, bei der alle Wesen die anderen mehr lieben als sich selbst. Die ganze Welt wäre glücklich, liebten alle Wesen nicht sich selbst, sondern die anderen. Ich bin ein

menschliches Wesen, und die Vernunft erschließt
mir das Gesetz des Glückes für alle Wesen. Ich muß
dem Gesetz meiner Vernunft folgen – ich muß die
anderen mehr lieben als mich selbst. Der Mensch
braucht nur diese vernünftige Überlegung anzu-
stellen, und sogleich bietet sich ihm das Leben in
anderer Sicht dar als früher. Alle Wesen rotten einander aus; aber alle Wesen lieben und helfen einander. Das Leben wird nicht durch Ausrottung, sondern durch gegenseitige Sympathie der Wesen
erhalten, die sich in meinem Herzen als Gefühl der
Liebe äußert. Sobald ich begonnen hatte, den Lauf
der Dinge in dieser Welt zu begreifen, erkannte ich,
daß einzig und allein das Prinzip der gegenseitigen
Zuneigung den Fortschritt der Menschheit bedingt. Die gesamte Geschichte ist nichts anderes
als die zunehmende Erkenntnis und Anwendung
dieses einzigen Prinzips der Solidarität aller Wesen.
Die vernünftige Überlegung wird damit durch die
Erfahrung der Geschichte und die persönliche Erfahrung bestätigt. Aber abgesehen von der vernünftigen Überlegung findet der Mensch den
überzeugendsten Beweis für die Wahrheit dieser
Überlegung in seinem inneren Fühlen. Das größte
dem Menschen erreichbare Glück, sein freiester,
glücklichster Zustand ist die Selbstverleugnung und

die Liebe. Die Vernunft erschließt dem Menschen den einzigen möglichen Weg zum Glück, und sein Fühlen lenkt ihn auf diesen Weg.

Lew Nikolajewitsch Tolstoi

Das Ende bedenken. Wenn man in das Haus des Glückes durch die Pforte des Jubels eintritt, so wird man durch die des Wehklagens wieder heraustreten, und umgekehrt. Daher soll man auf das Ende bedacht sein und seine Sorgfalt mehr auf ein glückliches Abgehen als auf den Beifall beim Auftreten richten. Es ist das gewöhnliche Los der Unglückskinder, einen gar fröhlichen Anfang, aber ein sehr tragisches Ende zu erleben. *Baltasar Gracián*

Wenn man glücklich ist, soll man nicht noch glücklicher sein wollen. *Theodor Fontane*

Sich recht anschauend vorzustellen zu lernen, daß niemand vollkommen glücklich ist, ist vielleicht der nächste Weg, vollkommen glücklich zu werden. Es [ist] freilich niemand ganz glücklich, allein es sind sehr große Stufen in unserm Leiden und das ist das Übel. *Georg Christoph Lichtenberg*

Glücklich ist ein Leben, das seiner natürlichen Bestimmung entspricht. Das kann uns aber nur zuteil werden, wenn zuerst der Geist gesund und sich dieser Gesundheit auf Dauer sicher, wenn er ferner tapfer und dynamisch, sodann in edelster Weise leidensfähig und mißlichen Umständen gewachsen ist, wenn er sich um den Leib und was damit zu tun hat, sorgt, doch nicht angstvoll, und wenn er die anderen Dinge, die das Leben angenehm machen, zu schätzen weiß, ohne doch sein Herz an etwas davon zu hängen, und wenn er bereit ist, die Gaben des Glücks zu genießen, ohne ihnen zu frönen. *Lucius Annaeus Seneca*

VI

Nur wahrhaftiges Verhalten kann Wahrheit erreichen

*Für den menschlichen Geist
gibt es nichts Erfreulicheres
als das Licht der Wahrheit.*

MARCUS TULLIUS CICERO

MAN KANN WAHRHEIT nicht durch Unwahrhaftigkeit erreichen. Nur wahrhaftiges Verhalten kann Wahrheit erreichen. *Mahatma Gandhi*

Ich kenne nur ein Ich, dies ist Gott – das übrige sind Hunde. Wir sollten uns ordentlich des Ichs, das er uns geschenkt, schämen wenn wir es nicht zu dem besten Zwecke opfern. Das Tier hat keines. *Jean Paul*

Es gibt eine höchste Lebensform, und diese höchste Lebensform heißt: »in Freiheit zu dienen«. *Theodor Fontane*

Wir leben immer in Beziehung auf unsere Mitmenschen; diese unsere Beschaffenheit, sie mag angelernt oder angeboren sein, bringt uns mehr Nachteile als Vorteile; wir betrügen uns um das, was wir wirklich brauchen können, weil wir uns äußerlich auf die öffentliche Meinung einstellen: Es liegt uns nicht soviel daran, wie unser Wesen innerlich und in Wirklichkeit beschaffen ist, als daran, wie es sich vor der Öffentlichkeit ausnimmt. *Michel de Montaigne*

Nur wer den Menschen liebt, wird ihn verstehen,
wer ihn verachtet, ihn nicht einmal – sehn.

Christian Morgenstern

Man verachte nicht alle, welche Laster haben, aber
alle, die nicht eine einzige Tugend haben.

François de La Rochefoucauld

Eine Empfindung ist es, die die letzten Tage in meiner Brust mächtiger denn je geweckt und genährt
haben. Es ist die Empfindung der ungeheuren
Pflicht der Liebe, die jeder einzelne von uns gegen
seinen Nächsten und zumeist gegen die für uns ar-
beitende, leidende Klasse hat. Aber nicht nur Liebe
in Wort und Schrift, sondern in lebendiger Tat. Es
ist mir ein Verständnis gekommen von dem unsag-
baren, himmelschreienden Elend, das uns – und zumal in der Großstadt – in jeder Stunde umgibt, und
ich habe gefühlt, wie nichtswürdig unser aller Verhalten ist, das sich zwischen Verachtung des Volkes,
träger Genußsucht und lauem Wohltun bewegt –
ohne auch nur eine Spur wahrhaftiger, kraftvoller
Liebe aufzuweisen, wie es Bruder zu Bruder haben
soll. Ja, es ist wahr, was der Verfasser einer diesbe-
züglichen Schrift sagt: Nicht durch Gesetze und
Waffen sei die soziale Frage zu lösen, sondern durch

Liebe, durch die innere Gleichstellung aller Stände. Unsre »Gebildeten« müssen den Dünkel aufgeben, der sie glauben macht, sie seien mehr und höhere Wesen als der gemeine Mann.

Christian Morgenstern

Du hast Augen, damit du sehen und ringsum alles überschauen kannst. Wo du Schmutz siehst, wasche ihn ab, was dürr ist, laß grün werden, und sorge, daß deine Gewürze schmackhaft sind. Wenn du keine Augen hättest, könntest du dich entschuldigen. Nun aber hast du Augen. Warum schaust du nicht um dich, sondern hältst lange Reden in deinem Denken? Häufig urteilst du über andere in Dingen, in denen du selbst nicht beurteilt werden möchtest. Zuweilen allerdings sagst du das, was du vorbringst, mit Weisheit. *Hildegard von Bingen*

Bau dein Leben auf der einzelnen Handlung auf, und laß es dir genug sein, wenn jede nach Möglichkeit ihr Ziel erreicht; daß sie es aber erreicht, kann niemand auf der Welt verhindern. »Aber es wird sich etwas von außen Kommendes in den Weg stellen!« Nichts, was dich daran hindern könnte, gerecht, besonnen und wohlüberlegt zu handeln.

»Aber vielleicht wirst du sonst irgendwie in deiner Handlungsfreiheit beschränkt!« Das ist möglich; aber dadurch, daß ich selbst die Hemmung gutheiße und mit ruhiger Einsicht die Wege gehe, die mir noch offenstehen, tritt an die Stelle der versagten sehr bald eine andere Möglichkeit zum Handeln, die sich jenem Aufbau meines Lebenswerkes, von dem die Rede ist, harmonisch einfügt.

Marc Aurel

Gott, was krabbelt doch alles unter dem Namen »Mensch« auf diesem Erdball herum.

Theodor Fontane

Wird uns nicht bei diesem Gedankengang bewußt, daß wir für jede unserer Bewegungen, für jeden unserer Gedanken, für jedes Gefühl, das unseren Sinn, unser Herz durchzieht, verantwortlich sind? Denn wir vergeuden nicht einen einzigen Augenblick unseres Lebens, sobald wir wissen, wie wir unser Tun nutzbar machen sollen, wie wir unser Denken leiten und in richtigen Worten ausdrücken, wie wir es durch unser Tun fördern und wie wir es empfinden sollen, damit es seine eigene Atmosphäre zu schaffen vermag. Welche Verantwortung! Die Verantwortung, die jeder Mensch trägt, ist größer als die eines Herrschers. Ein jeder hat gleichsam sein eigenes Königreich, für das er verantwortlich ist –, ein Reich, das keineswegs kleiner, sondern unvergleichlich größer ist als alle Reiche der Erde. Daraus sollen wir lernen, bedachtsam, gewissenhaft und in allem unserem Tun unserer Verantwortung bewußt zu sein. Nicht jeder Mensch empfindet so; er kennt sich selber nicht und weiß nichts vom Geheimnis des Lebens. Er wandelt wie ein Trunkener durch die Straßen der Stadt. Er weiß nicht, was er tut und ob er es für sich oder gegen sich tut. *Hazrat Inayat Khan*

Zu wählen wissen. Das meiste im Leben hängt davon ab. Es erfordert guten Geschmack und richtiges Urteil; weder Gelehrsamkeit noch Verstand reichen aus. Ohne Wahl ist keine Vollkommenheit; jene schließt in sich, daß man wählen könne, und das Beste. Viele Menschen von fruchtbarem und gewandtem Geiste, scharfem Verstande, Gelehrsamkeit und Umsicht, wenn sie zum Wählen kommen, gehen dennoch zugrunde; sie ergreifen allemal das Schlechteste, als ob sie es darauf anlegten, irre zu gehen. Also ist dieses eine der größten Gaben von oben. *Baltasar Gracián*

Der Herr behüte Sie auf Ihren Holzwegen!

Joseph von Eichendorff

Sei nur Skeptiker, es gibt keinen besseren Weg als den fortwährenden Zweifelns. Denn nur, wer die Relativität jeder Meinung eingesehen hat, sieht zuletzt auch die Relativität dieser Einsicht ein – und schwingt sich endlich vom letzten Erdenwort in – Sich selbst zurück.

Christian Morgenstern

Wer hat nicht für seinen guten Ruf schon einmal – sich selbst geopfert? –

Friedrich Nietzsche

Sich in seinen Meinungen mäßigen. Jeder faßt seine Ansichten nach seinem Interesse und glaubt einen Überfluß an Gründen für dieselben zu haben. Denn in den meisten muß das Urteil der Neigung den Platz einräumen. Nun trifft es sich leicht, daß zwei miteinander geradezu widersprechende Meinungen sich begegnen, und jeder glaubt die Vernunft auf seiner Seite zu haben, wiewohl diese, stets unverfälschte, nie ein doppeltes Antlitz trug. Bei einem so schwierigen Punkt gehe der Kluge mit Überlegung zu Werke, dann wird das Mißtrauen

gegen sich selbst sein Urteil über das Benehmen
des Gegners berichtigen. Er stelle sich auch einmal
auf die andere Seite und untersuche von da die
Gründe des andern; dann wird er nicht mit so starker Verblendung jenen verurteilen und sich recht-
fertigen.   *Baltasar Gracián*

Der andern Fehler sieht man leicht – den eignen
aber sieht man schwer. Der andern Fehler stellt man
ja ganz gerne klar, so viel man kann – verbirgt die
eignen aber wie der Schuft den falschen Würfel
birgt.   *Gautama Buddha*

Fremde Sünden sieht man vor sich, die eigenen hat
man hinter dem Rücken!   *Lew Nikolajewitsch Tolstoi*

Wenn wir über die Straße gehn, und der dummste
Mensch ruft uns zu: alter Schafskopf! so ärgern wir
uns; unser gutes Gewissen, daß wir zu den klügsten
Leuten der Christenheit zählen, ist nicht mächtig
genug, uns diesen Ärger zu ersparen.

Theodor Fontane

Aber auch die Lebensklugheit gebietet uns höflich zu sein, und nicht verdrießlich zu schweigen, oder gar Verdrießliches zu erwidern, wenn irgend ein schwammiger Kommerzienrat oder dürrer Käsekrämer sich zu uns setzt, und ein allgemein europäisches Gespräch anfängt mit den Worten: »Es ist heute eine schöne Witterung.« Man kann nicht wissen, wie man mit einem solchen Philister wieder zusammentrifft, und er kann es uns dann bitter eintränken, daß wir nicht höflich geantwortet: »Die Witterung ist sehr schön.« [...] Ach, liebe Seele, es kann sich sogar fügen, daß Du auf irgend einem Kirchhofe neben diesem selben Philister zu liegen kömmst, und hörst Du dann am Jüngsten Tage die Posaune erschallen und sagst zu Deinem Nachbar: »Guter Freund, reichen Sie mir gefälligst die Hand, damit ich aufstehen kann, das linke Bein ist mir eingeschlafen von dem verdammt langen Liegen!« dann bemerkst Du plötzlich das wohlbekannte Philisterlächeln, und hörst die höhnische Stimme: »Es ist heute eine schöne Witterung.«   *Heinrich Heine*

Die Menschen sind aufeinander angewiesen: Bessere oder dulde sie!   *Marc Aurel*

Über nichts wird flüchtiger geurteilt als über die Charaktere der Menschen, und doch sollte man in nichts behutsamer sein. Bei keiner Sache wartet man weniger das Ganze ab, das doch eigentlich den Charakter ausmacht, als hier. Ich habe immer gefunden, die sogenannten schlechten Leute gewinnen, wenn man sie genauer kennen lernt, und die guten verlieren. *Georg Christoph Lichtenberg*

Wenn wir über jemanden umlernen müssen, so rechnen wir ihm die Unbequemlichkeit hart an, die er uns damit macht. *Friedrich Nietzsche*

Jeder sieht am Andern nur so viel, als er selbst auch ist: Denn er kann ihn nur nach Maßgabe seiner eigenen Intelligenz fassen und verstehn.

Arthur Schopenhauer

Zu Prüfen verstehen. Die Aufmerksamkeit des Klugen wetteifere mit der Zurückhaltung des Vorsichtigen. Viel Kopf ist erfordert, um den Fremden anzumessen. Es ist wichtiger, die Gemütsarten und Eigenschaften der Personen als die der Kräuter und Steine zu kennen. Jenes ist eine der scharfsinnigsten

Beschäftigungen im Leben. Am Klange kennt man die Metalle und an der Rede die Menschen. Die Worte geben Anzeichen der Rechtlichkeit, aber viel mehr die Taten. Hier nun bedarf es der außerordentlichen Vorsicht, der tiefen Beobachtung, der feine Auffassung und des richtigen Urteils.

Baltasar Gracián

Blick vor allem in die eigene Seele, wenn du jemand wegen Unzuverlässigkeit oder Undankbarkeit tadeln willst. Denn offensichtlich liegt der Fehler bei dir, ob du nun von einem Menschen mit der Veranlagung zur Unzuverlässigkeit geglaubt hast, er werde sein Wort halten, oder ob du jemand etwas Gutes getan hast, aber eben nicht ganz selbstlos und nicht in der Einstellung, den ganzen Lohn gleich in der guten Tat selbst empfangen zu haben. Denn was willst du eigentlich sonst noch, wenn du einem Menschen etwas Gutes tust? Genügt es dir nicht, daß du einer natürlichen Neigung von dir folgen durftest? Willst du noch eine Belohnung dafür? Das wäre gerade so, als verlangte das Auge eine Entschädigung dafür, daß es sieht, oder die Füße, daß sie laufen. Denn so wie diese Glieder zu einem bestimmten Zweck geschaffen sind und ihren Lohn darin finden, diesen Daseinszweck ihrer besonderen Veranlagung entsprechend erfüllen zu dürfen, so hat auch der Mensch, der zum guten Handeln geboren ist, mit einer guten oder sonst gemeinnützigen Tat nur im Sinne seiner Zweckbestimmung gehandelt und seinen Lohn dahin.   *Marc Aurel*

Pluralismus ist unser innerstes Wesen, und vielleicht hat jeder Mensch einen eigentümlichen Anteil an dem, was ich denke und tue, und so ich an den Gedanken andrer Menschen.   *Novalis*

In einem schönen Sinne dienen, d. h. also Pflichten übernehmen und erfüllen und dabei der Anerkennung aller Nächstbeteiligten sicher sein, ist etwas Hocherfreuliches [...]; bald gewöhnt man sich an das Gute, nimmt es als selbstverständlich hin und hat eine Neigung, *das* zu betonen, was fehlt. Es gehört zu den ersten Regeln der Lebensklugheit, über dies Fehlende, wenn es nicht schwerer wiegt als das Gute, was da ist, hinweg sehn zu lernen.

Theodor Fontane

Ihr macht mir aus meiner gleichmäßigen Höflichkeit gegen alle einen Vorwurf. Aber, was wollt ihr! Es gibt gewiß nicht gar so viele, denen es leicht fällt, die Menschen zu lieben. Nun, mir fällt es zuweilen leicht: Warum sollte ich da gewaltsam unfreundlich zu ihnen sein? Ich finde an jedem etwas, was mir Sympathie oder doch Interesse abnötigt; und würde nicht mein Gefühl von Einssein mit allem eine Lüge sein, wenn ich irgendeinem Mitmenschen gegenüber völlig kalt bleiben könnte?

Christian Morgenstern

Leben ist leben mit anderen! Leben mit anderen heißt: Mit ihnen muß ich alles teilen. Ihnen darf kein Leid durch mich geschehen. Ich muß sie annehmen, ich muß sie anerkennen, ich muß sie lieben.

Ohne die anderen ist Leben, Lieben, Glücklichsein eine Utopie. Durch tausend Fäden sind wir miteinander verbunden. Ein Leben hängt am anderen, kein Leben entfaltet sich ohne die anderen.

Ich kann mich nur entfalten durch sie, die anderen. Ich brauche sie nicht nur, weil sie soviel für mich bedeuten. Ich brauche sie auch, weil ich soviel für sie tun kann.

Phil Bosmans

Eine goldene Regel: Man muß die Menschen nicht nach ihren Meinungen beurteilen, sondern nach dem, was diese Meinungen aus ihnen machen.

Georg Christoph Lichtenberg

Viel gute Worte führt oft im Munde der schwache Mann – doch anders ist sein Handeln; dem Hirten gleich, der fremde Rinder zählt, nicht teilhaft wird er selber der Gemeinschaft. *Gautama Buddha*

Man muß nicht mehr wollen, als man kann. Wer mit einem Riesen anbinden will, muß selber einer sein. Ohne Kampf, unter Anwendung kleiner Mittel, sind freilich zu allen Zeiten Riesen gestürzt worden; aber was ein Intrigant kann, kann ein Ehrenmann nicht, eben weil er *der* ist, der er ist.

Theodor Fontane

Es gehört zum Wesen der Gerechtigkeit, daß man einen Menschen nicht verletzt; zur Ehrfurcht, daß man ihn nicht beleidigt. Hierin offenbart sich die Wirkung des Angemessenen. Wenn das klar ist, dürfte auch einleuchten, was gemeint ist, wenn wir sagen, daß sich etwas ziemt. *Marcus Tullius Cicero*

Einen Mitbürger zugrunde richten will ein recht-
schaffener Mann nicht einmal dann, wenn er ein
Recht dazu hätte. Viel lieber ist ihm, daß sich die
Leute später daran erinnern, wie er jemanden ge-
schont hat, obwohl er ihn hätte vernichten können. So verhalten sich rechtschaffene Männer auch
gegen wildfremde Menschen, sogar gegen ihre bö-
sesten Feinde, und zwar, weil sie deren Menschen-
würde achten und weil jene auch Menschen sind
wie sie selber.   *Marcus Tullius Cicero*

... Gerechtigkeit ist die vollkommene Tugend, zwar
nicht in ihrer Gänze, wohl aber in ihrem Bezuge
auf den anderen. Daher gilt die Gerechtigkeit oft
für die vorzüglichste unter den Tugenden.
                                          Aristoteles

So gibt ein großer und seiner besseren Natur be-
wußter Geist sich wohl Mühe, auf dem Platz gut
und tüchtig auszuharren, wohin er gestellt ist, doch
von dem, was um ihn ist, betrachtet er nichts als
sein Eigentum, sondern er gebraucht es nur wie
Geliehenes und eilt wie ein Fremdling daran vorüber.   *Lucius Annaeus Seneca*

Wenn du etwas Gutes getan hast und ein anderer
dadurch gefördert wurde, was suchst du dann wie
die Toren darüber hinaus noch ein Drittes: Daß
man ja um deine edle Handlungsweise weiß oder
dir vergilt?

Marc Aurel

Wahre Seelengröße, die auch weise ist, sieht das sittliche Gut in Taten, nicht in äußerer Berühmtheit,
und sie zieht es vor, angesehen zu sein und nicht zu
scheinen.

Marcus Tullius Cicero

Die schönen Taten, die in der Verborgenheit geschehen, sind die schönsten. Wenn ich solche in der
Geschichte sehe, so gefallen sie mir sehr. Aber
schließlich blieben sie nicht ganz und gar ver-
borgen, da man ja von ihnen gewußt hat; und obgleich man getan hat, was man konnte, um sie ver-
borgen zu halten, so zerstört dieses wenige, wodurch sie offenbar geworden sind, alles; denn das ist
das Schönste daran, daß man sie hat verbergen wollen.

Blaise Pascal

Wollt Ihr, daß man Gutes von Euch glaube? Dann
sagt es nicht selber.

Blaise Pascal

Wer nur recht tut, weil andre es erfahren können und weil er dann in der Schätzung der Mitmenschen steigt; wer nur unter der Voraussetzung, daß seine Tugend den Mitmenschen bekannt wird, anständig handeln will, aus dem wird keine Persönlichkeit, auf die man sich verlassen kann.

Michel de Montaigne

Gelobtwerden ist immer gut, aber den Ausschlag gibt doch das »wie«.   *Theodor Fontane*

Zu schätzen wissen. Es gibt keinen, der nicht in irgend etwas der Lehrer des andern sein könnte: Und jeder, der andere übertrifft, wird selbst noch von jemandem übertroffen werden. Von jedem Nutzen zu ziehn verstehn ist ein nützliches Wissen. Der Weise schätzt alle, weil er in jedem das Gute erkennt und weiß, wieviel dazu gehört, eine Sache gut zu machen. Der Dumme verachtet alle, weil er das Gute nicht kennt und das Schlechtere erwählt.

Baltasar Gracián

Ich meine, wenn etwas sittlich ist, dann ist es dies nicht deshalb, weil die Menge es lobt, sondern weil es an sich, aufgrund seines eigenen Wesens, solche

Herausstellung verdient und deshalb recht und an-
erkennenswert ist.   *Marcus Tullius Cicero*

Das Leben hat mich gelehrt, daß man, im Konflikte
der Pflichten, immer das offenbar Gebotene, das
Nächstliegende und nicht das Bequemstliegende
tun muß; wenn das schon *da* gilt, wo Pflicht gegen
Pflicht steht, wie erst da, wo Pflicht und – Vergnügen in Kollision geraten.   *Theodor Fontane*

Ich habe auch meine Stunden der Empörung, aber
ich verstecke sie, weil ohnmächtige Empörung
lächerlich ist. Da ich nicht stolz sein konnte, bin ich
demütig geworden, um mir die Scham zu ersparen,
niederträchtig zu werden.   *Johann Nepomuk Nestroy*

Wer wollte den Gutartigen, den Begabten, den
Wunderlichen nicht lieben. Aber den Böswilligen,
den Ungeistigen, den Langweiligen zu lieben gilt
es. Nicht so sehr ein jovialer Wirt sein allen, die ihre
Zeche mehr oder minder bezahlen, als der barm-
herzige Samariter derer, die nichts haben als ihr
schmerzliches Schicksal.   *Christian Morgenstern*

Keine Gefahr besteht, wenn du dich niedrig machst, wenn du dich für geringer hältst, als die Wahrheit es tut. Ein großer Fehler ist es aber und eine schreckliche Gefahr, wenn du dich auch nur ein wenig über die Wahrheit erhebst oder wenn du dir in deinem Denken einem anderen gegenüber den Vorzug gibst, den die Wahrheit als dir gleichstehend beurteilt oder sogar als dir überlegen.

Es ist hiermit, als ob du durch ein Tor gehen willst, das zu niedrig ist. Es schadet nichts, wenn du dich tiefer beugst als nötig ist, aber es schadet sehr wohl, wenn du dich auch nur einen Fingerbreit höher aufrichtest, als das Maß des Tores zuläßt. Dann wirst du dich stoßen und dein Kopf wird erschüttert. *Bernhard von Clairvaux*

Ein Optimist riskiert die Möglichkeit des Verlustes, ein Pessimist verliert die Chance des Gewinns.
Hazrat Inayat Khan

Wen die Menschen fürchten, den hassen sie. Wen alle hassen, dem wünschen sie den Tod.
Marcus Tullius Cicero

Ein Gramm Kühnheit bei allem ist eine wichtige Klugheit. Man muß seine Meinung von andern mäßigen, um nicht so hoch von ihnen zu denken, daß man sich vor ihnen fürchtet. Nie bemächtigte sich die Einbildungskraft des Herzens. Viele scheinen gar groß, bis man sie persönlich kennenlernt; dann aber dient ihr Umgang mehr, die Täuschung zu zerstören, als die Wertschätzung zu erhöhen. Keiner überschreitet die engen Grenzen der Menschheit: Alle haben ihr Gebrechen, bald im Kopfe, bald im Herzen. *Baltasar Gracián*

Als es mit der Mingdynastie zur Neige ging und die siegreichen Mandschuheere schon in den Palastgärten von Peking eingedrungen waren, erschienen immer noch Boten und Abgesandte, die dem Kaiser von Siegen und wieder Siegen meldeten, weil es gegen den »Ton« der guten Gesellschaft und des Hofes war, von Niederlagen zu sprechen. Oh, dieser gute Ton! Eine Stunde später war ein Reich zertrümmert und ein Thron gestürzt. Und warum? Weil alles Geschraubte zur Lüge führt und alle Lüge zum Tod. *Theodor Fontane*

Dürfen rechtschaffene Männer alles tun, was für sie machbar ist? Auch wenn es schändlich, wenn es schädlich, wenn es ganz und gar verboten ist? Nicht, was jeder kann, ist ihm gestattet. Auch wenn sich kein Widerspruch regt, ist etwas deshalb schon erlaubt. *Marcus Tullius Cicero*

Es gibt sehr wenig böse Menschen, und doch geschieht so viel Unheil in der Welt; der größte Teil dieses Unheils kommt auf Rechnung der vielen, vielen guten Menschen, die weiter nichts als gute Menschen sind. *Johann Nepomuk Nestroy*

Eine gewisse Art von Mut entspringt aus einer Wurzel mit der Herzensgüte, nämlich daraus, daß der damit begabte Mensch sich seines Daseins in den andern Individuen fast so deutlich bewußt ist als in dem eigenen. Wie hieraus die Herzensgüte hervorgeht, habe ich oft gezeigt. Den Mut bringt dieses Bewußtsein dadurch hervor, daß der Mensch weniger an seinem individuellen Dasein hängt, da er fast ebenso sehr im allgemeinen Dasein aller Wesen lebt und deshalb für sein Leben und was dem anhängt, wenig besorgt ist. Dies ist keineswegs

jedesmal die Quelle des Muts: Denn er ist ein Phäno-
men verschiedener Ursachen. Aber es ist die edel-
ste Art des Mutes, welches sich darin zeigt, daß er
hier ist großer Sanftmut und Geduld verbunden ist.

Arthur Schopenhauer

Der Mut, den wir einzig und allein brauchen können, ist das Resultat der Liebe, der Pflicht, des
Rechtsgefühls, der Begeisterung und der Ehre, er
ist nicht angeboren, sondern er *wird,* er wächst.

Theodor Fontane

Der Dichter sagt:
Der Pfad der Wahrheit ist der Pfad des Tapfern,
Der Feigling kann ihn nicht betreten.

Aus Indien

Ein Anhänger der Wahrheit darf nicht aus Rücksicht auf die Konvention handeln. Er muß sich immer offenhalten für Korrektur, und wenn er ent-
deckt, daß er im Irrtum ist, muß er es um jeden
Preis eingestehen und es wiedergutmachen.

Mahatma Gandhi

Niemand ist weiter von der Wahrheit entfernt als
derjenige, der allen Antworten weiß.

Dschuang Dse

Ein bestimmter Ort wurde von einer hohen Mauer
umschlossen, ohne daß die Leute wußten, was sich
dahinter verbarg. So beschlossen ein paar, die
Mauer mit einer Leiter zu bezwingen, um heraus-
zufinden, was sich auf der anderen Seite befände.
Oben angelangt, lachte der erste laut auf und sprang
hinunter. Ebenso taten es ein zweiter ein dritter. Als
der vierte und letzte auf der Mauerkrone angelangt
war, sah er vor sich einen großen, wunderbaren
Garten, in dem die schönsten Früchte hingen. Obwohl er in heftige Versuchung geriet, hinunterzu-
springen und sich an den Köstlichkeiten des Gar-
tens zu laben, widerstand er doch dem Reiz. Statt
dessen stieg er die Leiter wieder hinunter und ver-
kündete allen anderen die Botschaft von dem herrlichen Garten.   *Ramakrishna*

Besonders kennzeichend für den Menschen ist das
Suchen und Forschen nach der Wahrheit. Deshalb
suchen wir, sobald wir uns einmal von den drin-
genden Geschäften und Sorgen freimachen kön-

nen, etwas zu sehen, zu hören und dazuzulernen. Wir sind der Meinung, daß die Erkenntnis verborgener und bewunderungswürdiger Dinge ohne Zweifel zu einem glücklichen Leben gehört. Daraus erhellt, daß, was wahr, einfach und rein ist, der Natur des Menschen am meisten entspricht (eben weil es ihn glücklich macht).   *Marcus Tullius Cicero*

Der Mensch besteht in der Wahrheit. Gibt er die Wahrheit preis, so gibt er sich selbst preis. Wer die Wahrheit verrät, verrät sich selbst. Es ist hier nicht die Rede vom Lügen, sondern vom Handeln gegen Überzeugung.   *Novalis*

Unanfechtbare Wahrheiten gibt es überhaupt nicht, und wenn es welche gibt, so sind sie langweilig.
                                           Theodor Fontane

Es ist fast unmöglich, die Fackel der Wahrheit durch ein Gedränge zu tragen, ohne jemandem den Bart zu versengen.   *Georg Christoph Lichtenberg*

VII

Tausend Möglichkeiten laden uns zu neuem Leben ein

*Die Kunst der Lebensführung
besteht bekanntlich darin,
mit gerade so viel Dampf zu fahren,
wie gerade da ist.*

THEODOR FONTANE

DIE WEISSEN SIND ZU UNRUHIG! Unablässig eilen sie umher und sorgen sich, wie man sich noch mehr sorgen und beeilen kann. Sie rennen so hastig durchs Leben, daß sie keine Zeit haben, seine Schönheit zu bewundern oder tiefe Gedanken zu empfinden. Ich bin glücklicher als die Weißen, weil ich mir nicht über all diese Dinge den Kopf zerbrechen muß ... Und wenn mir meine Habseligkeiten Sorgen machen, verschenke ich sie.

Hosteen Klah, Navajo

Menschen, die bloß arbeiten, finden keine Zeit zum Träumen. Nur wer träumt gelangt zur Weisheit. *Smohalla, Nez Percé*

So sagt man, jemand bekleide ein Amt, wenn er von dem Amte bekleidet wird. *Georg Christoph Lichtenberg*

Was wäre wohl aus der Welt geworden, wenn alle zum Mitschaffen Aufgerufenen immer gleich »schnurstracks« auf ihr Ziel losgegangen wären. Alle Weisheit ist langsam, alles Schaffen ist umständlich. *Christian Morgenstern*

Man darf alles tun, dies allein entspricht der ganzen Breite, die das Leben hat. Aber man muß sicher sein, es nicht aus Opposition auf sich zu nehmen, aus Trotz gegen hindernde Umstände oder, im Gedanken an andere, aus irgendwelchem Ehrgeiz. Man muß sicher sein, aus Lust, aus Kraft, Mut oder Übermut zu handeln: so handeln zu müssen.

Rainer Maria Rilke

Ich billige in keiner Weise, daß jemand, der durch eine Pflicht oder einen Beruf gebunden ist, sich damit amüsiert, sich eine andere Lebensweise zu wünschen als die seiner Pflicht entsprechende, oder fromme Übungen ersehnt, die mit seiner gegenwärtigen Situation unvereinbar sind – das zerstreut das Herz und macht die Übungen, die notwendig wären, kraftlos. Es ist Zeitverlust, sich nach der Einsamkeit der Kartäuser zu sehnen, und diese Zeit fehlt uns dann, um unsere gegenwärtige Aufgabe gut zu erfüllen.

Ja, ich möchte noch nicht einmal, daß man sich sehnt, mehr Intelligenz und ein klügeres Urteil zu haben, denn solche Wünsche sind von geringem Wert und verdrängen die Bereitschaft, das, was man ist und kann, so wie es ist zu pflegen.

Wünschen wir uns auch keine Kreuze, es sei denn, wir haben die, die sich von selber einfinden, gut getragen; denn es ist ein Fehler, sich das Martyrium zu wünschen, aber zugleich nicht den Mut zu haben, ein Unrecht zu ertragen.   *Franz von Sales*

Das sind die zwei Blumen des Lebens: das Schaffen und die Liebe.   *Christian Morgenstern*

Was wir sind, ist unendlich wichtiger, als was wir haben. Mehr als Geld brauchen wir Liebe. Wirklich Mensch werden können wir allein in Liebe. Liebe ist die Kaufkraft des Glücks.   *Phil Bosmans*

Wer Tugend und Einsicht besitzt, die Pflicht erfüllt, die Wahrheit spricht, die eigne Arbeit treulich tut – den macht ein jeder sich zum Freund.

Gautama Buddha

Es ist auch wirklich gleichgültig, *wo* man ist und *was* man ist; es kommt nur darauf an, *wer* man ist, nicht auf der Dienststaffel, nicht vor den Menschen, sondern vor sich selbst. Es kommt auf die Kunst an, aus dem Leben möglichst viel herauszuschlagen; dabei spielt Geld einigermaßen eine Rolle, Ort und Stellung aber gar keine. *Theodor Fontane*

Ich bin so sicher überzeugt, daß der Mensch alles seines Vorteils wegen (dieses Wort gehörig verstanden) tut, daß ich glaube, es ist zur Erhaltung der Welt so nötig, als die Empfindlichkeit zur Erhaltung des Körpers. Genug, daß unser Vorteil so sehr oft nicht erhalten werden kann, ohne Tausend glücklich zu machen und unsere erste Ursache das Interesse eines Teils so weislich mit dem Interesse vieler Andern zu verbinden gewußt hat.

Georg Christoph Lichtenberg

Arbeite, aber nicht so, als wäre die Arbeit eine Strafe oder wie ein Mensch, dem es um Mitleid oder Bewunderung zu tun ist; nur das eine sollst du wollen: deine Kräfte regen und ruhen lassen, wie es die Rücksicht auf die Gemeinschaft verlangt.

Marc Aurel

Durchschnittsmenschen glauben sich so schnell wie möglich verewigen zu müssen, damit die Herrlichkeit nicht ausstirbt. *Theodor Fontane*

Es erzeugt Haß, wenn Menschen mit Schwung und Initiative verbissen und allzu eifrig danach streben, überall die Führung zu haben. So wie es bei Platon heißt, daß für die Spartaner der gesamte Lebenszuschnitt gekennzeichnet war durch die Sucht, die Oberhand zu behalten. Genau so ist es mit allen andern Menschen: Je mehr Initiative einer besitzt, um so stärker verspürt er den Drang, die andern zu beherrschen, und dies noch möglichst allein. So kommt es, daß solche Leute es nicht haben können, wenn sie bei einem Meinungsstreit unterliegen oder auf Grund eines völlig rechtmäßigen Urteils verlieren. Das sind dann meist solche Typen, die in der Gesellschaft mit Bestechungen und Auflehnung arbeiten, um möglichst viel Einfluß zu gewinnen und mit Hilfe von Gewalt über andere Macht zu erwerben, anstatt sich um der Gemeinschaft willen anderen anzugleichen. *Marcus Tullius Cicero*

Fleiß und Gewissenhaftigkeit sind oftmals dadurch Antagonisten, daß der Fleiß die Früchte sauer vom Baume nehmen will, die Gewissenhaftigkeit sie aber zu lange hängen läßt, bis sie herabfallen und sich zerschlagen. *Friedrich Nietzsche*

Man unternehme das Leichte, als wäre es schwer, und das Schwere, als wäre es leicht: jenes, damit das Selbstvertrauen uns nicht sorglos, dieses, damit die Zaghaftigkeit uns nicht mutlos macht. Damit eine Sache nicht getan werde, bedarf es nur, daß man sie als schon getan betrachte; und im Gegenteil macht Fleiß und Anstrengung das Unmögliche möglich.

Baltasar Gracián

Ich glaube, es ist für einen Menschen erniedrigend, müßig zu bleiben und von Almosen zu leben. Stellen Sie sich also vor, was es für eine Kalamität sein muß, dreihundert Millionen Arbeitslose zu haben, die jeden Tag erniedrigt werden aus Mangel an Beschäftigung, ohne Selbstachtung, ohne Glauben an Gott. Ich wage es nicht, ihnen die Botschaft Gottes zu verkündigen. Ich könnte ebensogut diesem Hunde hier die Botschaft Gottes verkünden als diesen verhungerten Millionen, die keinen Glanz in den Augen haben und deren einzige Gottheit Brot heißt. Ich kann ihnen nur Gottes Botschaft bringen, wenn ich ihnen die heilige Botschaft der Arbeit bringe. Es ist leicht genug, von Gott zu reden, während wir hier sitzen und ein gutes Frühstück hinter uns, ein noch besseres Mittagessen vor uns haben; aber wie soll ich über Gott zu Millionen re-

den, die ohne zwei Mahlzeiten am Tag auskommen
müssen? Ihnen kann Gott nur in Form von Brot
und Butter erscheinen.   *Mahatma Gandhi*

Kein anderer ist einem Gott ähnlich, als wer den
Reichtum verachtet. Nicht daß ich dir deinen Besitz verbiete. Ich möchte aber erreichen, daß du ihn
nicht ängstlich hütest. Das kannst du nur auf *einem*
Wege fertigbringen, indem du dich nämlich davon
überzeugen läßt, daß du auch ohne ihn glücklich
leben wirst, sobald du ihn als vergänglich ansiehst.
                                Lucius Annaeus Seneca

Nun nehme ich an, ein Mensch hätte hundert
Mark und verliere davon vierzig und behalte also
die sechzig. Will nun dieser Mensch allezeit an die
vierzig denken, die er verloren hat, so bleibt er ohne
Trost und voll Schmerz. Wie könnte sonach der jemals Trost finden und ohne Leid sein, der seinen
Blick nur auf den Schaden und das Leid hinwendet
und sich nun das vorstellt und darauf schaut und
seine Augen mit Schmerz darauf richtet und mit
seinem Schaden Unterhaltung pflegt und der Schaden wiederum mit ihm spricht und sie sich so gegenseitig besehen. Wenn er sich aber zu den sechzig

Mark hinwendete, die er noch hat, und den vierzig verlorenen den Rücken kehrte und sich nun die sechzig vorstellte und mit ihnen Gegenrede pflegte, würde er sicherlich Trost finden.   *Meister Eckhart*

Ich kann mir nicht helfen, ich finde Geld, solange man genug zu bescheiden-anständigem Leben hat, gleichgültig; selbst die unzweifelhafte Machtstellung, die es gibt, imponiert mir nicht. Ein guter Magen und guter Schlaf sind viel wichtiger zu dem, was man Glück nennt.   *Theodor Fontane*

Ich habe mich bei der hiesigen Regierung zum Examen gemeldet, zu welchem ich mich nunmehr heftig vorbereite. Ich glaube im Grunde, ich habe einen dummen Streich gemacht, der sich leicht mit meinem Durchfallen in der nicht leichten Prüfung garstig enden kann. Denn ich habe wenig Zeit, wenig Lust, wenig Kenntnisse, wenig Geld, wenig Protektion, wenig connaissances, liaisons, savoir vivre und andern solchen Teufelsdreck, und wenn mich meine brave Frau nicht noch stark, frisch und frei erhielt, wär' ich längst schon fortgelaufen.

Joseph von Eichendorff

Es gibt kein andres Mittel als das alte »Sich-nach-der-Decke-Strecken«. Mama und ich haben diese schwere Kunst gelernt, und Ihr müßt sie auch lernen. Nur dem Siege der Pflicht über die Neigung, nur dem Verzichtenkönnen, nur der Erkenntnis und dem Handeln danach: »*Dies* geht noch gerade, und *dies* unmittelbar Danebenliegende geht schon nicht mehr«, nur dieser, ich darf uns beiden das Zeugnis ausstellen, klugen und gewissenhaften Innehaltung bestimmter Normen verdanken wir es, daß wir ehrlich gelebt, unser Haus ordentlich bestellt und unsre Kinder anständig erzogen haben. Mamas Verdienste nach *dieser* Seite hin sind *sehr* groß; ich hab es mir sauer werden lassen, aber das Haushalten, das Auskommen mit dem mühvoll und spärlich Erworbenen ist schwerer und namentlich auch niederdrückender als das Erwerben selbst. *Theodor Fontane*

Wir klagen manchmal über schlechte Zeiten. Aber die Zeiten sind nur schlecht, wenn die Menschen schlecht sind.

Gute Zeiten fallen nicht vom Himmel. Gute Zeiten können wir selbst machen, nicht mit Geld und Technik, sondern mit Güte und Herz.

Nur gute Menschen machen gute Zeiten: wenn

Wohlwollen herrscht; wenn Gewalt schweigt; wenn Wohlstand geteilt wird; wenn Menschen sich mögen; wenn Platz da ist für eine Blume und Zeit für ein freundliches Wort.

Zeit ist Geld, sagt man, und Geld der Nerv des Lebens, der Mist, auf dem alles wächst. Aber das ist eine Lüge. Vielleicht die größte Lüge des 20. Jahrhunderts.

Kein Wunder, daß so viele festsitzen, fertig mit den Nerven. Sie finden keine Freude. Und sie suchen Geld, um das Glück zu kaufen. Sie wollen immer mehr Geld, und sie wissen nie, wann sie genug haben. Sie machen sich kaputt im unerbittlichen Räderwerk der »Zeit ist Geld«-Maschine.

Stell die Maschine ab, halt die Uhr an. Fülle die Zeit mit Liebe! Lebe!   *Phil Bosmans*

Wenn die Menschen sagen, sie wollen nichts geschenkt haben, so ist es gemeiniglich ein Zeichen, daß sie etwas geschenkt haben wollen.

Georg Christoph Lichtenberg

Du kannst sehen, wo der Regenbogen die Erde berührt, aber bis du dort eintriffst, ist er weitergezogen. Wer könnte den Regenbogen besitzen? *Navaho*

Auch selbst den weisesten unter den Menschen sind die Leute, die Geld bringen, mehr willkommen als die, die welches holen.

Georg Christoph Lichtenberg

Im Glück aufs Unglück bedacht sein. Es ist eine gute Vorsorge, für den Winter im Sommer und mit mehr Bequemlichkeit den Vorrat zu sammeln. Zur Zeit des Glückes ist die Gunst wohlfeil und Überfluß an Freundschaften. Es ist gut, sie zu bewahren für die Zeit des Mißgeschicks, welche eine sehr teure und von allem entblößte ist. *Baltasar Gracián*

Alles, was uns wertvoll dünkt, ist ja nicht wertvoll an sich, sondern ist in seinem Wertstand einfach durch unser Leben bedingt. Schweigt das Leben, so schweigt der Wunsch. »Das Leben ist der Güter höchstes nicht.« Daß man lebt, ist nicht nötig; nur das empfind ich immer tiefer: »Wenn man überhaupt lebt, muß man auch leben *können.*«

Theodor Fontane

Nur ob ein gewisses Etabliert- und Beruhigtsein ohne Jugend und Hoffnung, oder Jugend und Hoffnung ohne Etabliert- und Beruhigtsein besser ist, – *die* Frage drängt sich einem immer wieder auf. Wenn es nicht *zu* toll kommt, ist das Jugendleben doch vielleicht schöner. Vielleicht. Vielleicht auch nicht. Man schwankt auch darin wie in allem, und nur *das* bleibt: Das Ganze ist eine sonderbare Geschichte.

Theodor Fontane

Und so genieße man denn jeden Augenblick; aber nicht ohne Arbeit, weil sie Gesundheit schafft; und mit Maßen, weil ohne Mäßigung auch die natürlichsten Begierden zu Quellen des Schmerzes werden, der den Keim eines künftigen Vergnügens zernagt. Mäßigung ist daher Weisheit, und nur dem Weisen ist es gegönnt, den Becher der reinen Wollust, den die Natur jedem Sterblichen voll einschenkt, bis auf den letzten Tropfen auszuschlürfen.

Joseph von Eichendorff

Unsere Meinung, Glaube, Überzeugung von der Schwierigkeit, Leichtigkeit, Erlaubtheit und Nichterlaubtheit, Möglichkeit und Unmöglichkeit, Erfolg und Nichterfolg etc. eines Unternehmens, einer Handlung bestimmt in der Tat dieselben. Z. B., es ist etwas mühselig und schädlich, wenn ich glaube, daß es so ist, und so fort. Selbst der Erfolg des Wissens beruht auf der Macht des Glaubens. In allem Wissen ist Glauben.   *Novalis*

Mit bloßem Charakter ist auch nicht viel zu machen, oder doch höchstens Feiertags; Alltags verlangt man ein bißchen Esprit.   *Theodor Fontane*

Man darf mit Erlaubnis der Obern zwar dumm, aber nicht ohne sie klug sein.   *Jean Paul*

Unternimm nie etwas, wozu du nicht das Herz hast, dir den Segen des Himmels zu erbitten.
Georg Christoph Lichtenberg

Je älter ich werde, je mehr sehe ich ein: Laufen lassen, wo nicht Amtspflicht das Gegenteil fordert, ist das allein Richtige.   *Theodor Fontane*

Ich kann freilich nicht sagen ob es besser werden wird, wenn es anders wird; aber so viel kann ich sagen, es muß anders werden, wenn es gut werden soll.   *Georg Christoph Lichtenberg*

»Gib meinen guten Entschlüssen Kraft!« ist eine Bitte, die im Vaterunser stehen könnte.

Georg Christoph Lichtenberg

Aber ich weise hier auf ein tiefes und, wenn wir recht zublicken, verehrungswürdiges Lebensgesetz: Der muß viel opfern – so sagt es –, der aufwärts will. *Christian Morgenstern*

Die persönlichen Eigenschaften müssen die Obliegenheiten des Amtes übersteigen, und nicht umgekehrt. So hoch der Posten sein mag, stets muß die Person sich als ihm überlegen zeigen. Ein umfassender Geist breitet sich immer mehr aus und tritt mehr und mehr hervor in seinem Amte. Hingegen wird der Engherzige bald seine Blöße zeigen und am Ende an Verpflichtungen und Ansehen bankerott machen. *Baltasar Gracián*

Aufrichtige und völlige Hingabe ist eine Tugend vor allen Tugenden. Kein Werk von Belang kann ohne sie zustande kommen. *Meister Eckhart*

Das immer Arbeiten-müssen macht egoistisch wie alles Ausschließliche; es ist bürgerlich respektabel und verdirbt *doch* den Charakter. Ein liebenswürdiges Bummeln, wenn es ohne schwere Pflichtverletzung geschehen kann, berührt wohltuender als die ewige unerbittliche Korrektheit.   *Theodor Fontane*

Die Posse vieler Arbeitsamen. – Sie erkämpfen durch ein Übermaß von Anstrengung sich freie Zeit und wissen nachher nichts mit ihr anzufangen als die Stunden abzuzählen, bis sie abgelaufen sind.
Friedrich Nietzsche

Die Zeit, die dir bisher geraubt oder heimlich gestohlen würde oder auch irgendwie verging, Zeit halte zusammen und gehe mit ihr sparsam um. Am meisten verdienen wir Tadel für den Zeitverlust, den wir unserer Nachlässigkeit zuzuschreiben haben. Wenn du einmal darauf achten wolltest, so wirst du feststellen: Der größte Teil des Lebens geht vorüber, weil man falsch handelt; ein nicht geringer dadurch, daß man nichts tut; ja, das ganze Leben, wenn man etwas anderes tut, als man eigentlich tun sollte.

Koste du nur alle Stunden aus. So wirst du dich weniger auf das Morgen verlassen, wenn du dir das

Heute vornimmst. Wer das Leben nur vor sich herschiebt, dem zerrinnt es. Nichts, lieber Lucilius, gehört uns. Nur die Zeit ist unser. Sie, die so flüchtig und vergänglich ist, hat uns die Natur als einziges Eigentum überlassen. Aus ihm kann uns jeder vertreiben, wenn er es darauf anlegt. Und so groß ist die Torheit der Menschen, daß sie sich für alles, was sie einmal bekommen haben, und sei dies noch so gering und billig, verpflichtet fühlen, so daß sie sich als Schuldner vorkommen. Niemand aber ist der Meinung, er schulde etwas, wenn er die Zeit erhalten hat, wo doch diese das einzige ist, was er nicht einmal mit Dank zurückerstatten kann.

In drei Abschnitte teilt sich das Leben: in die Vergangenheit, die einmal war, in die Gegenwart, die jetzt ist, und in die Zukunft, die noch sein wird. Von diesen ist die Gegenwart, die wir im Augenblick leben, kurz, die Zukunft, die wir noch vor uns haben, steckt voller Ungewißheit. Nur was der Vergangenheit angehört, birgt Gewißheit. Über sie hat das Schicksal keine Macht mehr, hier hat jede Willkür ein Ende. Dieser Zeitabschnitt ist unser. Er ist uns unantastbar und sozusagen geweiht. Er ist erhaben über alle Wechselfälle des menschlichen Daseins – ewiger Besitz, um den man nicht mehr zu bangen braucht.

Lucius Annaeus Seneca

Überlaß es der Zeit
Erscheint dir etwas unerhört,
Bist du tiefsten Herzens empört,
Bäume nicht auf, versuch's nicht mit Streit,
Berühr es nicht, überlaß es der Zeit.
Am ersten Tag wirst du feige dich schelten,
Am zweiten läßt du dein Schweigen schon gelten,
Am dritten hast du's überwunden,
Alles ist wichtig nur auf Stunden,
Ärger ist Zehrer und Lebensvergifter,
Zeit ist Balsam und Friedensstifter.

Theodor Fontane

Zeit gewonnen, alles gewonnen. Es ist nichts Neues. Aber die trivialsten Sätze sind immer die richtigsten.   *Theodor Fontane*

Mit Uhren kennen wir uns nicht aus. Wir tun die Dinge dann, wenn wir bereit sind.

Redewendung der Irokesen

Halte ein, wenn es Zeit ist innezuhalten! Handle, wenn es Zeit ist zu handeln. Ein Mann erzielt ruhmreiche Fortschritte, wenn er jeweils zur rechten Zeit einhält und handelt.   *I Ging*

Auch wenn du dreitausend Jahre leben solltest oder gar zehnmal so lange, bedenke trotzdem, daß niemand ein anderes Leben verliert als das, das er lebt, und daß er auch nicht ein anderes lebt, als das, das er verliert. Es kommt also der längste Zeitraum aufs selbe heraus wie der kürzeste.   *Marc Aurel*

So sehr auch auf der Bühne der Welt die Stücke und die Masken wechseln, so bleiben doch in allen die Schauspieler dieselben. Wir sitzen zusammen und reden und regen einander auf, und die Augen leuchten und die Stimmen werden schallender: Ganz ebenso haben andere gesessen, vor tausend Jahren: Es war dasselbe und es waren dieselben: Ebenso wird es sein über tausend Jahre. Die Vorrichtung, wodurch wir dessen nicht innewerden, ist die Zeit.   *Arthur Schopenhauer*

Für den Trägen gibt es nichts Aufreizenderes als die unaufhörlich fortschreitende Zeit. Er fühlt, wie sie über ihn hinweggeht, und stammelt ihr in dumpfem Ingrimm seine Verwünschungen nach.

Christian Morgenstern

Man muß so leben, als habe man nur noch eine Stunde Zeit und könne nur das Allerwichtigste erledigen. Und gleichzeitig so, als werde man das, was man tut, bis in alle Ewigkeit fortsetzen.

Lew Nikolajewitsch Tolstoi

Wir brauchen nicht so fort zu leben, wie wir gestern gelebt haben. Macht Euch nur von dieser Anschauung los, und tausend Möglichkeiten laden uns zu neuem Leben ein. *Christian Morgenstern*

VIII

Die Kunst zu leben

Mein Gewerbe und meine Kunst sind zu leben.

MICHEL DE MONTAIGNE

ALLES MUSS LEBENSMITTEL WERDEN. Kunst, aus allem Leben zu ziehn. Alles zu beleben ist der Zweck des Lebens. Lust ist Leben. Unlust ist Mittel zur Lust, wie Tod Mittel zum Leben.　　*Novalis*

Jedem Vorgang unseres Lebens gehört nur auf einen Augenblick das Ist; sodann für immer das War. Jeden Abend sind wir um einen Tag ärmer. Wir würden vielleicht beim Anblick dieses Ablaufens unserer kurzen Zeitspanne rasend werden; wenn nicht im tiefsten Grunde unseres Wesens ein heimliches Bewußtsein läge, daß uns der nie zu erschöpfende Born der Ewigkeit gehört, um immerdar die Zeit des Lebens daraus erneuern zu können.

Auf Betrachtungen wie die obigen kann man allerdings die Lehre gründen, daß die Gegenwart zu genießen und dies zum Zwecke seines Lebens zu machen, die größte *Weisheit* sei; weil ja jene allein real, alles andere nur Gedankenspiel wäre. Aber ebensogut könnte man es die größte Torheit nennen: Denn was im nächsten Augenblick nicht mehr ist, was so gänzlich verschwindet wie ein Traum, ist nimmermehr eines ernstlichen Strebens wert.

Arthur Schopenhauer

Wenn man den Zustand eines Menschen, seiner Glücklichkeit nach, abschätzen will, soll man nicht fragen nach dem, was ihn vergnügt, sondern nach dem, was ihn betrübt: Denn, je geringfügiger dieses, an sich selbst genommen, ist, desto glücklicher ist der Mensch; weil ein Zustand des Wohlbefindens dazu gehört, um gegen Kleinigkeiten empfindlich zu sein: Im Unglück spüren wir sie gar nicht.

Arthur Schopenhauer

... bald gewöhnt man sich an das Gute, nimmt es als selbstverständlich hin und hat eine Neigung, *das* zu betonen, was fehlt. Es gehört zu den ersten Regeln der Lebensklugheit, über dies Fehlende, wenn es nicht schwerer wiegt als das Gute, was da ist, hinwegsehn zu lernen.

Theodor Fontane

Wir sind so unglücklich, daß wir an einer Sache nur unter der Bedingung Vergnügen finden können, daß wir uns ärgern, wenn sie mißlingt. Das kann mit tausend Dingen geschehen und geschieht alle Augenblicke. Wer das Geheimnis gefunden hätte, sich über das Gute zu freuen, ohne sich über das entgegengesetzte Böse zu ärgern, hätte den Punkt gefunden; das ist das perpetuum mobile. *Blaise Pascal*

Es gibt nur ein Mittel, sich wohl zu fühlen: Man muß lernen, mit dem Gegebenen zufrieden zu sein, und nicht immer *das* verlangen, was gerade fehlt.

Theodor Fontane

Nicht, wer wenig hat, sondern wer viel wünscht, ist arm. *Lucius Annaeus Seneca*

... das Gute, das man hat, nimmt man als selbstverständlich hin, und von dem, was einem fehlt, macht man mehr, als man bei richtigerer und dankbarerer Betrachtung daraus machen sollte. *Theodor Fontane*

Erlaube nie deinen Wünschen, und seien sie noch so klein, daß sie dein Herz beunruhigen! Denn wenn erst kleine Wünsche den Boden für eine Unordnung gelockert haben, so kommen bald größere und große hinterdrein. *Franz von Sales*

Ihr könnt Euch darauf verlassen, die Bescheidenheit der Leute hat immer ihre guten Gründe. Der liebe Gott hat gewöhnlich die Ausübung der Bescheidenheit und ähnlicher Tugenden den Seinen sehr erleichtert. Es ist z. B. leicht, daß man seinen Feinden verzeiht, wenn man zufällig nicht so viel Geist besitzt um ihnen schaden zu können, so wie es auch leicht ist, keine Weiber zu verführen, wenn man mit einer allzuschäbigen Nase gesegnet ist.

Heinrich Heine

Die gräßliche Bescheidenheits-Komödie, die wir beständig führen müssen, schafft mehr Unwahrheit in die Welt, als wenn man flott drauf los renommierte oder wenigstens sich daran gewöhnt, sein Licht nicht unter den Scheffel zu stellen.

Theodor Fontane

Ein gewisser Freund, den ich kannte, pflegte seinen Leib in drei Etagen zu teilen, den Kopf, die Brust und den Unterleib, und er wünschte öfters, daß sich die Hausleute der obersten und untersten Etage besser vertragen könnten.

Georg Christoph Lichtenberg

Glückselig kann auch der genannt werden, der, von der Vernunft geleitet, nichts mehr wünscht und nichts mehr fürchtet. *Lucius Annaeus Seneca*

Das Intensive höher als das Extensive schätzen. Die Vollkommenheit besteht nicht in der Quantität, sondern in der Qualität. Alles Vortreffliche ist stets wenig und selten. *Baltasar Gracián*

Jeder hat Wünsche und wenn diese Wünsche mit Pflichten in Konflikt kommen, so kuckt man sich die Pflichten noch mal an und findet, wenn es irgend geht, daß es damit so bindend und pressant nicht liegt, und daß die Wünsche auch wieder eine Pflicht-Erfüllung in sich schließen. *Theodor Fontane*

Wenn unsere Leidenschaft uns treibt, etwas zu tun, vergessen wir unsere Pflicht. Zum Beispiel: Man liebt ein Buch, man liest es, während man etwas anderes tun müßte. Um sich aber seiner Pflicht zu erinnern, muß man sich vornehmen, etwas zu tun, was man haßt; und dann entschuldigt man sich damit, daß man was anderes zu tun habe und erinnert sich durch dieses Mittel an seine Pflicht.

Blaise Pascal

Ich vergesse das meiste, was ich gelesen habe, so wie das, was ich gegessen habe; ich weiß aber so viel:

Beides trägt nichtsdestoweniger zur Erhaltung meines Geistes und meines Leibes bei.

Georg Christoph Lichtenberg

Kunst, die Dinge ruhen zu lassen, und um so mehr, je wütender die Wellen des öffentlichen oder häuslichen Lebens toben. Im Treiben des menschlichen Lebens gibt es Strudel und Stürme der Leidenschaften; dann ist es klug, sich in den sicheren Hafen der Furt zurückzuziehen. Oft verschlimmern die Mittel das Übel; darum lasse man hier dem Physischen, dort dem Moralischen seinen freien Lauf. Der Arzt braucht gleich viel Wissenschaft zum Nichtverschreiben wie zum Verschreiben, und oft besteht die Kunst gerade in Nichtanwendung der Mittel.

Baltasar Gracián

Die Gesundheit ist ein kostbares Gut; nur sie ist es eigentlich wert, daß man dafür seine Zeit, seinen Schweiß, seine Arbeit und sein Geld, ja sogar sein Leben einsetzte; ist doch ohne sie das Leben für uns eine Last; ohne sie verliert alles seinen Glanz und seine Kraft: Genüsse, Lebenserfahrung, Wissenschaft und Tugend.

Michel de Montaigne

Sei dankbar für das, was du hast; warte auf das
übrige und sei froh, daß du noch nicht alles hast; es
ist auch ein Vergnügen, noch auf etwas zu hoffen.

Lucius Annaeus Seneca ·

Manche Dinge muß man nicht eigentümlich besitzen. Man genießt sie besser als fremde denn als eigene: Ihr Gutes ist den ersten Tag für den Besitzer,
alle folgenden für die andern. Fremde Sachen genießt man doppelt, nämlich ohne die Sorge wegen
der Beschädigung, und dann mit dem Reiz der
Neuheit. Alles schmeckt besser nach dem Entbehren: Sogar das fremde Wasser scheint Nektar.

Baltasar Gracián

Alles, was uns wertvoll dünkt, ist ja nicht wertvoll
an sich, sondern ist in seinem Wertstand einfach
durch unser Leben bedingt. Schweigt das Leben, so
schweigt der Wunsch. »Das Leben ist der Güter
höchstes nicht.« Daß man lebt, ist nicht nötig; nur
das empfind ich immer tiefer: »Wenn man überhaupt lebt, muß man auch leben *können.*«

Theodor Fontane

Nur das besitzt ein jeder als sein wahres Eigentum,
was er genießt und gebraucht.   *Marcus Tullius Cicero*

Nicht hastig leben. Die Sachen zu verteilen wissen heißt, sie zu genießen verstehn. Viele sind mit ihrem Glück früher als mit ihrem Leben zu Ende: Sie verderben sich die Genüsse, ohne ihrer froh zu werden; und nachher möchten sie umkehren, wenn sie ihres weiten Vorsprungs innewerden. Sie sind Postillione des Lebens, die zu dem allgemeinen raschen Lauf der Zeit noch das ihnen eigene Stürzen hinzufügen. Sie möchten in einem Tage verschlingen, was sie kaum im ganzen Leben verdauen könnten. Vor den Freuden des Lebens sind sie immer voraus, verzehren schon die kommenden Jahre, und da sie so eilig sind, werden sie schnell mit allem fertig. Man soll sogar im Durst nach Wissen ein Maß beobachten, damit man nicht die Dinge lerne, welche es besser wäre nicht zu wissen. Wir haben mehr Tage als Freuden zu erleben. Man sei langsam im Genießen, schnell im Wirken: Denn die Geschäfte sieht man gern, die Genüsse ungern beendigt.

Baltasar Gracián

Alles Behagen am Leben ist auf eine regelmäßige Wiederkehr der äußeren Dinge gegründet. Der Wechsel von Tag und Nacht, der Jahreszeiten, der Blüten und Früchte, und was uns sonst von Epoche zu Epoche entgegentritt, damit wir es genießen können und sollen, diese sind die eigentlichen Triebfedern des irdischen Lebens. Je offner wir für diese Genüsse sind, desto glücklicher fühlen wir uns; wälzt sich aber die Verschiedenheit dieser Erscheinungen vor uns auf und nieder, ohne daß wir daran teilnehmen, sind wir gegen so holde Anbietungen unempfänglich, dann tritt das größte Übel, die schwerste Krankheit ein: Man betrachtet das Leben als eine ekelhafte Last.

Johann Wolfgang von Goethe

Glaube mir, daß eine Stunde der Begeisterung mehr gilt als ein Jahr gleichmäßig und einförmig dahinziehenden Lebens. Die Ruhe ist Dein Feind, sie ist mein Feind, ist der aller Menschen – ich meine die Ruhe der untätigen Behaglichkeit. Ohne Streben kein Erfolg, ohne Feuer kein Brand!

Christian Morgenstern

Die Kunst ist und bleibt einmal eine Leidenschaft! Machen aber Leidenschaften glücklich? Konträr! Strenge Moralisten sagen: Um glücklich zu sein, muß man alle Leidenschaften aus sich verdammen. Dieser Rat ist ungefähr so gut, als wie wenn man einem, der über enge Stiefel klagt, sagt: Er soll sich beide Füß' amputieren lassen, damit er kein' Verdruß mehr mit dem Schuster hat. – Eigentlich hab' ich nur eine Leidenschaft, nämlich die, daß ich gern allen meinen Leidenschaften nachhänge. Und statt dem sollt' ich sie besiegen? Nein, das ist mir ein viel zu trauriger Triumph, wo man selten verdiente Anerkennung hat davon, denn die Leut' sagen von einem Besieger seiner Leidenschaften nie: »Das war ein starker Geist«, sondern sie sagen: »Das müssen schwache Leidenschaften sein.«

Johann Nepomuk Nestroy

Leidenschaft besteht im Menschen meistens zusammen mit Begier nach den Freuden des Gaumens. So war es auch bei mir. Ich habe viele Schwierigkeiten überwinden müssen bei dem Versuch, die Leidenschaft wie den Geschmack unter Kontrolle zu bringen, und noch heute kann ich nicht behaupten, sie völlig unterworfen zu haben. Ich habe mich für einen tüchtigen Esser gehalten.

Mahatma Gandhi

Wenn man die Wahl hat zwischen Austern und Champagner, so pflegt man sich in der Regel für beides zu entscheiden.

Theodor Fontane

Wer satt zu essen hat, kann sich neben jeden Krösus stellen. Das Glück liegt wirklich wo anders als in aufgetürmten Fünftalerscheinen. Und schließlich, – um 9 ist alles aus, und niemand kann's mitnehmen.   *Theodor Fontane*

... ich hasse (es), wenn einem eine gebratene Taube ins Maul fliegt, beim Schicksal auch noch auf Kompott zu bestehn.   *Theodor Fontane*

Es ist wunderbar, in wie nahen Beziehungen Menschenglück und Putenbraten zu einander stehn, und welche Püffe das Herz verträgt, wenn man jeden Schlag mit einer Flasche Markobrunner parieren kann.   *Theodor Fontane*

Das gemeinschaftliche Essen ist eine sinnbildliche Handlung der Vereinigung. Alle Bereinigungen außer der Ehe sind bestimmt gerichtete, durch ein Objekt bestimmte und gegenseitig dasselbe bestimmende Handlungen. Die Ehe hingegen ist eine unabhängige Totalvereinigung. Alles Genießen, Zueignen und Assimilieren ist Essen, oder Essen ist vielmehr nichts als eine Zueignung. Alles geistige Genießen kann daher durch Essen ausgedrückt werden. In der Freundschaft ißt man in der Tat von seinem Freunde oder lebt von ihm.   *Novalis*

Das is eben das Dumme und höchst Ungerechte. Wenn die reichen Leut' nicht wieder reiche einladeten, sondern arme Leut', dann hätten alle genug zu essen.   *Johann Nepomuk Nestroy*

Trinken und Singen
Viel Essen macht viel breiter
Und hilft zum Himmel nicht,
Es kracht die Himmelsleiter,
Kommt so ein schwerer Wicht.
Das Trinken ist gescheiter,
Das schmeckt schon nach Idee,
Da braucht man keine Leiter,
Das geht gleich in die Höh.   *Joseph von Eichendorff*

Leichtes Leben verdirbt die Sitten, aber die Tugendkomödie verdirbt den ganzen Menschen.
           Theodor Fontane

Wie sollte man wohl leben, wenn man nicht fort-
während bei sich wie bei andern hunderterlei
Krumm gerade sein ließe.   *Christian Morgenstern*

Nichts bis auf die Hefe leeren, weder das Schlimme,
noch das Gute. Ein Weiser führte auf Mäßigung die
ganze Weisheit zurück. Das größte Recht wird zum
Unrecht; und drückt man die Apfelsine zu sehr, so
gibt sie zuletzt das Bittere. Auch im Genuß gehe
man nie aufs Äußerste. Sogar der Geist wird stumpf,
wen man ihn bis aufs letzte anstrengt, und Blut statt
Milch erhält, wer auf eine grausame Weise abzapft.
    Baltasar Gracián

Überall hat der größte Genuß den Überdruß zum
Nachbarn.   *Marcus Tullius Cicero*

Wenn Du nicht fühlst, wie tief ich mich oft jedes
Mehr an äußerem Wohlleben schäme, jedes »Lu-
xus«, der mir persönlich dient, während unzählige
Andere und Bessere neben mir Not leiden am
Notwendigsten, so hast Du mich nie begriffen, so
wirst Du auch in Zukunft nicht begreifen, wenn
ich mich manchmal »immer noch« in ein – Ar-

menhaus einkaufen möchte, aus Ekel an dem, was ich mit Nietzsche »erbärmliches Behagen« und selber das ewige Zurücksinken in die feige, faule »Bürgerlichkeit« des Lebens nenne.

Christian Morgenstern

Wie die Biene Duft und Farbe an der Blume selbst nicht leise schädigt, nur vom Honig nippend, wandle in der Welt der Weise.   *Gautama Buddha*

Das »Frühlingslied« von Uhland oder eine Strophe von Paul Gerhard ist mehr wert als 3000 Ministerial-Reskripte. Nur die ungeheure Eitelkeit der Menschen, der kindische Hang nach Glanz und falscher Ehre, das brennende Verlangen, den alten Wrangel einladen zu dürfen oder eine Frau zu haben, die Brüsseler Spitzen an der Nachtjacke trägt, nur die ganze Summe dieser Miserabilitäten verschließt die modernen Herzen gegen die einfachsten Wahrheiten und macht sie gleichgültig gegen das, was allein ein echtes Glück verleiht: Friede und Freiheit.   *Theodor Fontane*

Es steckt in jedem Dinge etwas, das wert ist, betrachtet zu werden. Wenn nun jedes Ding etwas besitzt, das betrachtenswert ist, dann muß es auch etwas haben, woran man sich erfreuen kann. Auch billiger Reiswein, derbes Gemüse und einfaches Obst können uns erfreuen und sättigen. Kommt man da nicht zu dem Schlusse, daß es immer und überall etwas gibt, woran wir uns erfreuen könnten?

Su Shih

Wenn die Menschen mehr bedächten, wieviel Glück von einem einfachen Gegenstand ausgehen kann, [...] würden sie unter den einfachsten Bedingungen viel dankbarer gegen ihr Leben sein dürfen.

Christian Morgenstern

Im Grunde spricht sich wohl in allen Forderungen, die der Mensch an seine Gattung stellt, nur der Wunsch des Menschen nach größerer und feinerer Behaglichkeit des persönlichen wie sozialen Lebens aus: Der Mensch will wohl endlich soweit kommen wie die Blumen und die Bäume: ruhig leben und sterben zu dürfen. Zweifellos wünschen sich die meisten Menschen nichts Besseres.

Christian Morgenstern

Um leben zu können, mußt du genießen können. Ich meine nicht die Genußsucht, die so viele Menschen krank und zu Sklaven macht, die so viele Menschen ins Unglück stürzt.

Um genießen zu können, mußt du frei sein. Frei von Gier, frei von Neid, frei von einer Leidenschaft, die dich zerreißt und zerstört.

Wenn du genießen kannst, kannst du lachen. Du freust dich. Du bist dankbar, daß jeden Morgen die Sonne für dich aufgeht. Du kannst selig sein über ein weiches Bett und über eine warme Wohnung. Du triffst freundliche Menschen.

Die Freundschaft Gottes kommt dir entgegen in jedem Lächeln, in jeder Blume, in jedem guten Wort, in jeder Hand, in jeder Umarmung.

Wenn du kleine Dinge in aller Ruhe genießen kannst, dann wohnst du in einem Garten voller Seligkeit.

Phil Bosmans

Alles, was Natur an Gutem schenken kann, schenkt sie uns in Fülle. Und dazu die Begabung, all das zu genießen.

Wabanaki

Sie möchten gern lachen – aber so tun Sie es doch. Die Welt ist durchaus nicht zu ernst dazu. Sie ist weder ernst noch lächerlich, sondern in jedem Kopf und jeder Sekunde anders, anders, anders.

Christian Morgenstern

Ein Maitag ist ein kategorischer Imperativ der Freude. *Friedrich Hebbel*

Unser Lebensweg steht auf beiden Seiten so voll Bäumchen und Ruhebänke, daß ich mich wundere, wenn einer müde wird. *Jean Paul*

Vieles kann man entbehren, wenn man zweierlei hat: Schlaf und Abwesenheit von Ärger.

Theodor Fontane

Wie friedlich würde mancher leben, wenn er sich um anderer Leute Sachen so wenig bekümmerte als um seine eigenen. *Georg Christoph Lichtenberg*

IX

Unglück ist auch gut

Wer wirklich gütig ist,
kann nie unglücklich sein;
wer wirklich weise ist,
kann nie verwirrt werden;
wer wirklich tapfer ist,
fürchtet sich nie.

KONFUZIUS

JEDERMANN IST SEHR BEREITWILLIG, durch Schaden klug zu werden, wenn nur der erste Schade,
der dieses lehrt, wieder ersetzt wäre.

Georg Christoph Lichtenberg

Die kleinen Unfälle, die uns stündlich vexieren,
kann man betrachten als bestimmt, uns in Übung
zu erhalten, damit die Kraft, die großen zu ertragen, im Glück nicht ganz erschlaffe.

Arthur Schopenhauer

Die Menschen werden nach wie vor dasselbe tun,
und wenn du vor Wut platztest! *Marc Aurel*

Das Glück ist eine leichte Dirne,
Und weilt nicht gern am selben Ort;
Sie streicht das Haar dir von der Stirne
Und küßt dich rasch und flattert fort.

Frau Unglück hat im Gegenteile
Dich liebefest ans Herz gedrückt;
Sie sagt, sie habe keine Eile,
Setzt sich zu dir ans Bett und strickt.

Heinrich Heine

Die Menschen nehmen oft ein kleines Ungemach viel schwerer auf und tragen es ungeduldiger als ein großes Unglück, und der ist noch nicht am schlimmsten daran, der viel zu klagen hat und alle Tage etwas anders. Erfahrung und Übung im Unglück lehrt schweigen.

Johann Peter Hebel

Und wegen dieser dummen Geschichte haben Sie sich totschießen wollen? Madame, wenn ein Mensch sich totschießen will, so hat er dazu immer hinlängliche Gründe. Darauf können Sie sich verlassen. Aber ob er selbst diese Gründe kennt, das ist die Frage. Bis auf den letzten Augenblick spielen wir Komödie mit uns selber. Wir maskieren sogar unser Elend, und während wir an einer Brustwunde sterben, klagen wir über Zahnweh.

Heinrich Heine

Klage nicht zu sehr über einen kleinen Schmerz; das Schicksal könnte ihn durch einen größeren heilen!

Friedrich Hebbel

Der Schmerz ist entweder für den Körper ein Übel, dann kann sich dieser ja dazu äußern, oder für die Seele. Aber es ist ganz in deren Ermessen

gestellt, sich Heiterkeit und inneren Frieden zu erhalten und die Vorstellung nicht aufkommen zu lassen, daß er ein Übel ist. Denn jedes Urteil und jede
Antriebsenergie, alles Verlangen und Meiden haben
ihren Sitz im Inneren der Seele, und bis dahin
dringt kein Übel von außen vor.   *Marc Aurel*

Das Ideal einer vollkommenen Gesundheit ist bloß
wissenschaftlich interessant. Krankheit gehört zur
Individualisierung.   *Novalis*

Krankheiten, besonders langwierige, sind Lehrjahre
der Lebenskunst und der Gemütsbildung. Man
muß sie durch tägliche Bemerkungen zu benutzen
suchen. Ist denn nicht das Leben des gebildeten
Menschen eine beständige Aufforderung zum Lernen? Der gebildete Mensch lebt durchaus für die
Zukunft …

Je mehr man lernt, nicht mehr in Augenblicken,
sondern in Jahren usw. zu leben, desto edler wird
man. Die hastige Unruh, das kleinliche Treiben des
Geistes, geht in große, ruhige, einfache und viel-
umfassende Tätigkeit über, und die herrliche Geduld findet sich ein.   *Novalis*

Wenn es einem gut geht, dann wundert man sich
darüber, wie man sich verhalten würde, wenn man
krank wäre; wenn man es ist, nimmt man fröhlich
seine Medizin: Die Krankheit zwingt uns dazu.
Man hat nicht mehr die Leidenschaften und das
Verlangen nach Zerstreuung und Spaziergängen,
welche die Gesundheit uns gab, und die mit den
Notwendigkeiten der Krankheit unvereinbar sind.
Die Natur gibt uns dann Leidenschaften und Wünsche, die dem augenblicklichen Zustand entsprechen. Nur die Ängste, die wir uns selbst bereiten,
verwirren uns, und nicht die Natur, denn diese
Ängste fügen zu dem Zustand, in dem wir uns befinden, die Leidenschaften des Zustandes, in dem
wir uns nicht befinden.

Da die Natur uns in allen Zuständen stets unglücklich macht, schaffen sich unsere Sehnsüchte
einen Zustand des Glückes, denn zu dem Zustand,
in dem wir uns befinden, fügen sie die Freuden des
Zustandes, in dem wir uns nicht befinden; und
wenn wir diese Freuden erlangen würden, so wären
wir darum nicht glücklich, weil wir dann andere
Wünsche hätten, die dem neuen Zustand ent-
sprächen.

Man muß diesen allgemeinen Satz auf das einzelne anwenden ...   *Blaise Pascal*

A sagte zu B, der sich mit seinem persönlichen Schicksal herumschlug und des Jammers kein Ende fand: Wie erbarmungslos bist du!

Wie erbarmungslos? gab B befremdet zurück und fügte, da er A nicht durchdrang, nach einer Weile hinzu: Wenn nur du nicht erbarmungslos bist! (indem er meinte, dieser habe für sein Unglück kein Verständnis) Und wenn ich es gegen dich wäre, erwiderte A, so wäre ich es gegen einen Einzigen. Du aber bist es gegen Millionen. Denn du siehst nur dein eigenes Leid, nicht auch das ihre. Du wärst aus ganzer Seele zufrieden, wenn du nur allein getröstet würdest, wenn nur dir allein unter allen Millionen geholfen würde. Prüfe dich selbst, ob ein solcher Sinn nicht noch strengster Zucht bedarf und ob es weit gefehlt ist, ihn selbstsüchtig, hart und erbarmungslos zu nennen.

Christian Morgenstern

Und noch ein anderes soll den Menschen trösten. Ist er krank und leidet er große körperliche Schmerzen, so hat er doch Unterkunft und seine Notdurft an Speise und Trank und ärztlichen Rat und an dem Dienste seines Gesindes, an der Klage und der Anteilnahme seiner Freunde. Wie soll der tun? Wie machen es die armen Leute, die dasselbe und noch größeres Ungemach leiden und niemanden haben, der ihnen einen Trunk kalten Wassers gäbe? Sie müssen das trockene Brot in Regen und Schnee, in großer Kälte von Haus zu Haus suchen. Deshalb, willst du getröstet werden, so vergiß derer, denen es besser geht, und denke immer an die, denen es schlimmer ist.   *Meister Eckart*

Der Anfang der Gesundung liegt in der Erkenntnis des Fehlers.

Wer nicht weiß, daß er einen Fehler macht, wird auch keine Besserung schaffen. Du mußt dich erst bei deinen Fehlhaltungen ertappen, bevor du dich besserst. Manche bilden sich auf ihre Fehler sogar etwas ein. Meinst du, daß, wer seine Verfehlungen für Tugenden hält, auf Heilung sinnt?

Deshalb geh mit dir ins Gericht, und zwar so gut du kannst. Übernimm zuerst die Rolle des Anklägers, dann des Richters und ganz zuletzt die des Anwalts. Geh einmal selber gegen dich vor.
Lucius Annaeus Seneca

Ein Mensch fährt einen Weg, führt eine Sache aus oder läßt eine andere, da geschieht ihm ein Schaden, oder er bricht ein Bein oder einen Arm, oder er verliert ein Auge oder wird sonst krank; und will er sich dann Gedanken machen, wie: Wärest du einen andern Weg gegangen oder hättest du eine andere Arbeit getan, wäre dir das nicht geschehen, so bleibt er ohne Trost und wird natürlich traurig. Darum soll er vielmehr denken: Und wärest du einen andern Weg gegangen oder hättest ein anderes Ding getan oder gelassen, dir wäre ein viel größerer Schaden und größeres Leid geschehn! Und so würde er mit Recht und getrost und froh vom Herzen. *Meister Eckart*

Ich gebe zu, daß uns die Liebe zu unserem Körper angeboren ist. Ich gebe weiter zu, daß wir uns seinen Schutz angelegen sein lassen müssen; ich bin nicht dagegen, daß wir für ihn sorgen. Ich lehne es aber ab, ihm untertan zu sein. Wer dies täte, wenn er etwa zu ängstlich für sein leibliches Wohl sorgte und alles nur darauf bezöge, müßte sich dann vielem anderen gegenüber auch so verhalten. Wir müssen vielmehr so verfahren, daß wir nicht sozusagen nur für den Körper leben wollen, sondern daß wir ohne ihn nicht existieren können. Allzu große Aufmerksamkeit gegen ihn schafft Ängste, belastet uns mit Sorgen und bringt uns in Mißkredit. Das sittlich Gute ist bei dem zu niedrig im Kurs, wem sein Körper zu teuer ist.

Lucius Annaeus Seneca

Wir müssen unser Dasein so *weit,* als es irgend geht, annehmen; alles, auch das Unerhörte, muß darin möglich sein. Das ist im Grund der einzige Mut, den man von uns verlangt: mutig zu sein zu dem Seltsamsten, Wunderlichsten und Unaufklärbarsten, das uns begegnen kann. Daß die Menschen in diesem Sinne feige waren, hat dem Leben unendlich Schaden getan […].

Rainer Maria Rilke

Menschen von Weisheit, Charakter, Tapferkeit und Klugheit haben meist lange Tage in Not und Bedrängnis gelebt. Immer waren sie in ihrem Herzen auf der Hut vor Gefahren, Sorgen und Not: Darum brachten sie es zu etwas.

Mengzi

Wen die Hoffnung, den hat auch die Furcht verlassen: Dies ist der Sinn des Ausdrucks »desperat«. Es ist nämlich dem Menschen natürlich, zu glauben, was er wünscht, und es zu glauben, weil er es wünscht. Wenn nun diese wohltätige, lindernde

Eigentümlichkeit seiner Natur durch wiederholte, sehr harte Schläge des Schicksals ausgerottet und er sogar, umgekehrt, dahin gebracht worden ist, zu glauben, es müsse geschehn, was er nicht wünscht, und könne immer geschehn, was er wünscht, eben weil er es wünscht, so ist dies eigentlich der Zustand, den man Verzweiflung genannt hat …

Arthur Schopenhauer

Jedes noch so harte Joch drückt den, der ruhig darunter geht, weniger als den, der widerstrebt. Das einzige Linderungsmittel bei großen Leiden ist, daß man in Geduld der Notwendigkeit gehorche.

Lucius Annaeus Seneca

Doch selbst wenn jemand aufrichtig empört ist, das Unglück gehabt hat, immer auf empörende Dinge zu stoßen, gibt es nur eine von zwei Möglichkeiten: Entweder er handelt und bessert, was ihn stört, wenn er kein Schwächling ist, beziehungsweise zerschellt daran, oder er sucht, was weit leichter ist und woran ich mich zu halten gedenke, geflissentlich alles Gute, Liebe und wendet sich ab vom Schlimmen, und wenn man sich nicht verstellt, kann man doch wirklich schrecklich vieles lieben.

Lew Nikolajewitsch Tolstoi

Man muß nie verzweifeln, wenn einem etwas verloren geht, ein Mensch oder eine Freude oder ein Glück; es kommt alles noch herrlicher wieder. Was abfallen *muß,* fällt ab; was zu uns gehört, bleibt bei uns, denn es geht alles nach Gesetzen vor sich, die größer als unsere Einsicht sind und mit denen wir nur scheinbar im Widerspruch stehen. Man muß in sich selber leben und an das *ganze* Leben denken, an alle seine Millionen Möglichkeiten, Weiten und Zukünfte, denen gegenüber es nichts Vergangenes und Verlorenes gibt. *Rainer Maria Rilke*

Um zur Vollkommenheit zu gelangen, muß man wenig wollen und nichts verlangen. Es ist wahr, sich daran halten, heißt wirklich arm sein, aber ich bin sicher, daß ebendarin das große Geheimnis besteht, vollkommen zu werden. Und doch ist das etwas so Verborgenes, daß nur wenige davon wissen oder, wenn sie es wissen, sich danach richten. Es gibt Menschen, die um Kreuze bitten, und es scheint ihnen, daß der Herr ihnen niemals genug gibt, um ihrem Eifer zu entsprechen. Ich für mein Teil bitte nicht um Kreuze, ich habe nur den Wunsch, mich so geduldig und demütig ich kann bereit zu halten für die, die Gottes Güte mir schicken mag. Mir

würde es Freude machen, meinen Weg ganz einfach immer weiter zu gehen, ohne das Verlangen, irgend etwas anderes zu wünschen. *Franz von Sales*

Das ist meine allerschlimmste Erfahrung: Der
Schmerz macht die meisten Menschen nicht groß,
sondern klein. *Christian Morgenstern*

Die Größe des Menschen ist groß darin, daß er sein
Elend erkennt. Ein Baum erkennt sein Elend nicht.
Es heißt also unglücklich sein, wenn man sich als
unglücklich erkennt. Aber es heißt groß sein, wenn
man erkennt, daß man unglücklich ist.

Blaise Pascal

Als ich meinen Schmerz
auf den Acker der Geduld pflanzte,
brachte er die Frucht
des Glücks hervor. *Khalil Gibran*

Nur die Weisheit ist es, welche die Traurigkeit aus
dem Herzen vertreibt und die uns nicht vor Angst
erstarren läßt. Unter ihrem Geleit läßt sich in See-
lenfrieden leben. *Marcus Tullius Cicero*

Das möchte ich: der Klippe gleichen, an der sich ständig die Wogen brechen; sie aber steht fest, und die ringsum tobende See beginnt sich zu legen! »Ich Unglücklicher, daß mir das widerfahren mußte!« »Nicht so, lieber Freund, sondern: Wie glücklich bin ich, daß ich unbekümmert wie zuvor lebe, obwohl mir das zustieß, und weder an der Gegenwart zerbreche noch die Zukunft fürchte. Denn ein Unglück wie dieses konnte jeden treffen, aber nicht jeder wäre dabei in seiner Seele unverwundet geblieben. Warum willst du nicht lieber darin einen beglückenden Erfolg sehen als in dem Ereignis selbst ein Mißgeschick? Kannst du überhaupt etwas als Mißgeschick für einen Menschen bezeichnen, was gar kein Mißerfolg der menschlichen Seele ist? Glaubst du, ein solcher Mißerfolg liege vor, wo gar nichts gegen die Absichten seiner Seele geschieht? Wie? Du kennst doch ihre Absichten! Hindert dich dies ›unglückliche‹ Ereignis daran, gerecht, hochherzig, beherrscht, verständig, im Urteil besonnen, wahrhaftig, ein sittlich fein empfindender und unabhängiger Charakter zu sein usw., also Tugenden zu haben, mit deren Bewährung die menschliche Natur ihre Bestimmung erfüllt? Denk von nun an bei allem, was dich betrüben will, daran, den Grundsatz zu befolgen: Dies

ist kein Unglück für mich, wohl aber ist es ein
Glück, es mit Würde tragen zu können.«

Marc Aurel

Vergessen können: Es ist mehr ein Glück als eine
Kunst. Der Dinge, welche am ehesten fürs Vergessen geeignet sind, erinnern wir uns am besten. Das
Gedächtnis ist nicht allein widerspenstig, indem es
uns verläßt, wenn wir es am meisten nötig haben,
sondern auch töricht, indem es angelaufen kommt,
wenn es gar nicht paßt. In allem, was uns Pein verursacht, ist es ausführlich, aber in dem, was uns ergötzen könnte, nachlässig. Oft besteht das einzige
Heilmittel unserer Schmerzen im Vergessen; aber
wir vergessen das Heilmittel.   *Baltasar Gracián*

Der erst ist ganz unglücklich, der die kahlen Wände
seines Herzens nicht einmal mit Bildern der Erinnerung schmücken kann.   *Johann Nepomuk Nestroy*

Das Gesetz verpflichtet […] zu einem Trauerjahre,
und gewiß ist eine solche Epoche, die den Wechsel
aller irdischen Dinge in sich begreift, einem fühlen-
den Herzen nötig, um die schmerzlichen Ein-

drücke eines großen Verlustes zu mildern. Man sieht
die Blumen welken und die Blätter fallen, aber man
sieht auch Früchte reifen und neue Knospen kei-
men. Das Leben gehört den Lebendigen an, und
wer lebt, muß auf Wechsel gefaßt sein.

Johann Wolfgang von Goethe

»Es ist sinnlos, dem Schicksal zu grollen; denn es
nimmt keine Klagen an.« *Marc Aurel*

Gib deinem Herzen ein Zeichen,
daß die Winde sich drehn.
Hoffnung ist ohne gleichen,
wenn sie die Göttlichen sehn.

Richte dich auf und verharre
still in dem großen Bezug;
leise löst sich das Starre,
milde schwindet der Bug.

Risse entstehn im Verhängnis,
das du lange bewohnt,
und in das dichte Gefängnis
flößt sich ein fühlender Mond.

Rainer Maria Rilke

Daß die Vögel der Sorge und des Kummers über deinem Haupt fliegen, kannst du nicht hindern. Doch kannst du verhindern, daß sie Nester in deinem Haar bauen.   *Chinesisches Sprichwort*

Die Zukunft bietet Hoffnungen, aber wie zur Hoffnung gelangen ohne sie?

Johann Nepomuk Nestroy

Meine Seele,
das Leben gleicht
dem Lauf der Nacht;
je schneller sie vergeht,
desto eher
naht der Morgen.   *Khalil Gibran*

Wir müssen nicht klagen, daß alles vergänglich sei. Das Vergänglichste, wenn es wahrhaft berührt, weckt in uns ein Unvergängliches.

Friedrich Hebbel

Heute habe ich alle Bedrängnis hinter mir gelassen, richtiger: Ich habe sie von mir abgeschüttelt. Denn sie lag nicht außerhalb von mir, sondern in mir, in meinen Gedanken. *Marc Aurel*

Da fliegt ein Johanniskäfer! Er leuchtet in der finstern Nacht, denn er lebt, während ein Krondiamant in der Dunkelheit glanzlos ist, wie gar nichts ausschaut. Es ist beinah, als ob uns die Natur zeigen wollt', daß das miserabelste Leben mehr wert ist als der brillanteste Tod. *Johann Nepomuk Nestroy*

Du kannst dein Leben frei von Zwang in voller Harmonie der Seele zu Ende führen, wenn auch alle mit allen möglichen Vorwürfen ihre Stimme wider dich erheben, wenn selbst wilde Tiere die einzelnen Teile der Masse Fleisch, die um dich herumgewachsen ist, zerreißen. Denn was hindert die Seele in allen solchen Fällen, sich selbst in tiefstem Frieden zu erhalten, die Umwelt unverändert richtig zu beurteilen, das, was dich trifft, mühelos in deinem Sinne zu verarbeiten? Dann wird dein Urteilsvermögen zu dem, was dir begegnet, etwa sagen: »Das bist du in Wahrheit, wenn du auch der

Meinung als etwas anderes erscheinst«, die Kraft der Überwindung kann zu dem Schicksalsschlage sagen: »Dich suchte ich gerade; denn für mich ist das, was kommt, immer nur Material für die Betätigung der Vernunft und des sozialen Verantwortungsgefühles, überhaupt der gestaltenden Kraft eines Menschen oder Gottes.« Denn alles Geschehen ist der Gottheit oder dem Menschen von Anbeginn an zugeordnet, kommt nicht überraschend und ist nicht schwer zu überwinden, sondern vertraut und leicht zu meistern. *Marc Aurel*

»Ich will nicht klagen mehr,
Ich will mich froh erheben
Und wohl zufrieden sein mit meinem Lebenslauf.
Ein einzger Augenblick, wo Gott sich mir gegeben,
Wiegt jahrelange Leiden auf.« *Novalis*

Denke mit dem Herzen

*Man kommt leichter zu jedem andern
als zu sich.*

JEAN PAUL

ES IST DIE AUFGABE eines jeden Menschen, zu sich selbst zu kommen, das innerste Wesen seines Ichs zu entdecken. Wie man dorthin gelangen kann, und mit welchen Erfahrungen diese Entdeckung zusammenhängt, ist und bleibt aber ein Geheimnis.

Edith Stein

Wir empfinden tief das Unausreichende des bloß Angelernten. Eine Sehnsucht nach dem Einfacheren, Natürlicheren regt sich beständig in uns, und diese Sehnsucht ist vielleicht unser Bestes.

Theodor Fontane

Aber es ist auch dies ein Zeichen unserer krankhaft-überreizten Zeit, daß sie die Fähigkeit eigenen Denkens immer mehr aufgibt.

Christian Morgenstern

Wir müssen mit jedermann Geduld haben, in erster Linie aber mit uns selber, denn niemand kommt uns so in die Quere wie wir uns selbst, sobald wir gelernt haben, zwischen dem alten und dem neuen Adam, dem inneren und dem äußeren Menschen zu unterscheiden.

Franz von Sales

Das persönliche Ich ist im Innersten der Seele ganz eigentlich zu Hause. *Wenn* es hier lebt, dann verfügt es über die gesammelte Kraft der Seele und kann sie frei einsetzen. Dann ist es auch dem Sinn alles Geschehens am nächsten und aufgeschlossen für die Forderungen, die an es herantreten, am besten geeignet, ihre Bedeutung und Tragweite zu ermessen. Es gibt aber wenige Menschen, die so »gesammelt« leben. Bei den meisten hat das Ich seinen Standort vielmehr an der Oberfläche, wird wohl gelegentlich durch »große Ereignisse« erschüttert und in die Tiefe gezogen, sucht dann auch dem Geschehen durch ein angemessenes Verhalten zu entsprechen, kehrt aber nach längerem oder kürzerem Verweilen doch wieder an die Oberfläche zurück.

Edith Stein

Ich bin in Sorge, sage ich, daß du mitten in deinen zahlreichen Beschäftigungen keinen Ausweg mehr siehst und deshalb deine Stirn verhärtest, daß du dir selbst unmerklich das Gefühl für einen Schmerz nimmst, der zurecht und zu deinem eigenen Vorteil auftritt. Es ist viel klüger, dich ab und zu deinen Beschäftigungen zu entziehen, als zuzulassen, daß sie dich ziehen und allmählich dahin führen, wohin du nicht willst. Du fragst wohin? Zu einem harten

Herzen. Frage nicht, was damit gemeint ist; wenn du jetzt nicht erschrickst, ist dein Herz schon so weit.   *Bernhard von Clairvaux*

Aber all diese Unrast ist recht töricht. Du hast doch zu jeder beliebigen Stunde des Tages die Möglichkeit, dich in dich selbst zurückzuziehen! Es gibt ja nirgends eine ruhigere und ungestörte Stätte, zu der ein Mensch flüchten könnte, als die eigene Seele, vor allem für den Menschen, der in seinem Innern die Werte trägt, deren Betrachtung ihm augenblicklich Erleichterung gewährt. Mit dieser Erleichterung meine ich nichts anderes als die Wiederherstellung des inneren Gleichgewichtes. Gönne dir also ständig diese stille Einkehr, und erneuere dich selbst!   *Marc Aurel*

Nur wer jeden Augenblick tief seine Unvollkommenheit empfindet, kann sich fortentwickeln.

Theodor Fontane

Der Weise genießt, was ihm die Sinne vermitteln, wenn es dem Leben nützt; er läßt davon ab, wenn es dem Leben schadet.   *Aus China*

Ich bin mir meiner Unvollkommenheit schmerzlich bewußt, und in dieser Erkenntnis liegt die ganze Kraft, die mir zu Gebote steht, denn es ist selten, daß ein Mensch seine Grenzen kennt. *Mahatma Gandhi*

Denn das schenkt uns die Heiterkeit der Seele, nicht nur die, die aus dem rechten Handeln erwächst, sondern gerade auch die, die man der Beschränkung auf wenige wesentliche Aufgaben verdankt. Wenn man nämlich das meiste von dem, was wir sagen und tun, als unnötig unterläßt, wird man mehr Muße und weniger Unruhe haben. Daher sollte man sich bei jedem gegebenen Anlaß der Frage erinnern: Gehört das wirklich zu den unerläßlichen Handlungen? Aber man soll nicht nur die Handlungen, die nicht unbedingt nötig sind, unterlassen, sondern selbst Vorstellungen unterdrücken, soweit sie nicht in einem höheren Sinne notwendig sind. Denn dann folgen auch keine Handlungen nach, auf die man gut verzichten könnte. *Marc Aurel*

Die gewohnt sind, mit dem Gefühl zu urteilen, begreifen nichts von dem, was nur der Verstand erkennt, denn sie wollen gleich mit einem Blick alles durchdringen, und sind nicht daran gewöhnt, die Prinzipien zu suchen. Die anderen dagegen, die daran gewöhnt sind, nach Prinzipien zu denken, begreifen nichts von dem, was nur das Gefühl erfaßt, denn sie suchen Prinzipien darin und sind nicht imstande, etwas mit einem Blick zu erfassen.

Blaise Pascal

Zieh dich in dich selbst zurück! Die in uns zur Herrschaft bestimmte Vernunft ist darauf angelegt, ihr Genügen in sich selbst zu finden, wenn sie das Rechte tut und dabei Frieden in ihrer Seele hat.

Marc Aurel

Der Mensch ist dazu berufen, in seinem Innersten zu leben und sich selbst so in die Hand zu nehmen, wie es nur von hier aus möglich ist; nur von hier aus ist auch die rechte Auseinandersetzung mit der Welt möglich; nur von hier aus kann er den Platz in der Welt finden, der ihm zugedacht ist. Bei all dem *durchschaut* er sein Innerstes niemals ganz. Es ist ein Geheimnis Gottes, das Er allein entschleiern kann, so weit es Ihm gefällt. Dennoch ist ihm sein Innerstes in die Hand gegeben; er kann in vollkommener Freiheit darüber verfügen, aber er hat auch die Pflicht, es als ein kostbares anvertrautes Gut zu bewahren.   *Edith Stein*

Und wenn wir wieder von der Einsamkeit reden, so wird immer klarer, daß das im Grunde nichts ist, was man wählen oder lassen kann. Wir *sind* einsam. Man kann sich darüber täuschen und tun, als wäre es nicht so. Das ist alles. Wieviel besser ist es aber, einzusehen, daß wir es sind, ja geradezu, davon auszugehen.   *Rainer Maria Rilke*

Öfters allein zu sein und über sich selbst zu denken und seine Welt aus sich zu machen, kann uns großes Vergnügen gewähren, aber wir arbeiten auf diese Art unvermerkt an einer Philosophie, nach welcher der Selbstmord billig und erlaubt ist. Es ist daher gut, sich durch einen Freund oder eine Freundin wieder an die Welt anzuhaken, um nicht ganz abzufallen.   *Georg Christoph Lichtenberg*

Als ich in die Einsamkeit ging, besuchte mich die Weisheit und blieb bei mir … Es war ein vollkommenes Geschenk. *Nekhuwika, South Wind-Winnebago*

Die große, die Natur übertreffende Wahrheit
gelangt nicht durch Reden
von einem Geschöpft zum anderen.
Die Wahrheit sucht die Stille,
um der liebenden Seele
ihre wirkliche Bedeutung aufzutun.

Khalil Gibran

Nur im vorbereiteten Herzen kann ein neuer Gedanke Wurzel fassen und groß werden. Sich vorbereiten, sich zubereiten, den Acker lockern für das beste Korn, ist alles. *Christian Morgenstern*

Man sagt,
daß Stille Zufriedenheit sei;
doch ich sage euch,
daß gerade in der Stille
Widerstand,
Auflehnung
und Verachtung wohnen.

Khalil Gibran

Niemals bin ich weniger müßig
als in meinen Mußestunden
und niemals weniger einsam,
als wenn ich allein bin.   *Marcus Tullius Cicero*

Blick in dein Inneres! Dort ist die Quelle des
Guten, und wenn du immer nachgräbst, kann sie
immer hervorsprudeln.   *Marc Aurel*

Der Mensch vermag in jedem Augenblicke ein
übersinnliches Wesen zu sein. Ohne dies wäre er
nicht Weltbürger, er wäre ein Tier. Freilich ist die
Besonnenheit, Sichselbstfindung, in diesem Zustande sehr schwer, da er so unaufhörlich, so notwendig mit jedem Wechsel unsrer übrigen Zu-
stände verbunden ist. Je mehr wir uns aber dieses
Zustandes bewußt zu sein vermögen, desto lebendiger, mächtiger, zwingender ist die Überzeugung,
die daraus entsteht; der Glaube an echte Offenbarungen des Geistes. Es ist kein Schauen, Hören,
Fühlen; es ist aus allen dreien zusammengesetzt,
mehr als alles Dreie: eine Empfindung unmittel-
barer Gewißheit, eine Ansicht meines wahrhaftesten,
eigensten Lebens ... Sehr viele Zufälle, manche Na-

185

turereignisse, besonders Jahres- und Tageszeiten, liefern uns solche Erfahrungen. Gewisse Stimmungen sind vorzüglich solchen Offenbarungen günstig. Die meisten sind augenblicklich, wenige verweilend, die wenigsten bleibend. Hier ist viel Unterschied zwischen den Menschen. Einer hat mehr Offenbarungsfähigkeit als der andere. Einer hat mehr Sinn, der andere mehr Verstand für dieselbe.   *Novalis*

Was ist Gesundheit? Gesundheit ist Ordnung. Und was ist Ordnung? Ordnung ist Musik. Wo Rhythmus, Regelmäßigkeit, Zusammenarbeit besteht, gibt es Harmonie, gibt es Sympathie. Die Gesundheit des Gemüts und des Körpers hängt darum von der Erhaltung jener Harmonie ab, von dem Bewahren jener Sympathie, die im Gemüt und im Körper besteht. Das Leben in der Welt und besonders die Art, wie wir inmitten der Menge leben, fordert unsere Geduld in jedem Augenblick heraus, und es ist äußerst schwierig, die Harmonie und den Frieden zu bewahren, auf denen alles Glück beruht.

Wie können wir das Leben definieren? Leben heißt sich abmühen mit unseren Freunden und kämpfen mit unseren Feinden. Es ist ein ständiges Geben und Nehmen.   *Hazrat Inayat Khan*

Es ist die eigentliche Gefahr des Menschen zu versimpeln. Man sollte täglich zu einer festgesetzten Stunde einen Glockenton durchs ganze Land gehen lassen, der keine andere Bedeutung hätte als die, den Menschen in Erinnerung zu rufen, daß sie nicht nur Bürger von diesem Namen und jenem Stande seien, sondern unerforschliche Teile des Unerforschlichen. Man müßte eine eigene Glocke dafür erfinden und in unzähligen großen und kleinen Exemplaren gießen lassen: eine »Gedächtnisglocke des Menschen«.   *Christian Morgenstern*

Die Dinge nie wider den Strich nehmen, wie sie auch kommen mögen. Alle haben eine rechte und eine Kehrseite, und selbst das Beste und Günstigste verursacht Schmerz, wenn man es bei der Schneide ergreift; hingegen wird das Feindseligste zur schützenden Waffe, wenn beim Griff angefaßt. Über viele Dinge hat man sich schon betrübt, über welche man sich würde gefreut haben, hätte man ihre Vorteile betrachtet. In allem liegt Günstiges und Ungünstiges; die Geschicklichkeit besteht im Herausfinden des Vorteilhaften.   *Baltasar Gracián*

… wenn man älter wird, so lernt man eben einsehn, daß man von einem Menschen nicht alles verlangen kann und daß man zufrieden sein muß, wenn ein Weinstock Trauben trägt. In jüngren Jahren verlangt man auch noch Erd- und Himbeeren dazu, womöglich gleich mit Schlagsahne.

Theodor Fontane

Seinen Geist mit Hilfe der Natur und Kunst zu erneuern verstehen. Man sagt, daß von sieben zu sieben Jahren die Gemütsart sich ändert – nun so sei es ein Verbessern und Veredeln seines Geschmacks. Nach den ersten sieben Jahren tritt die Vernunft ein; so möge nachher mit jedem Stufenjahr eine neue Vollkommenheit hinzukommen. Man beobachtet diesen natürlichen Wechsel, um ihm nachzuhelfen, und hoffe auch an andern eine Verbesserung. Hieraus entspringt es, daß viele mit dem Stande oder Amt auch ihr Betragen geändert haben. Bisweilen wird man es nicht eher gewahr, als bis es im höchsten Grade hervortritt. Mit zwanzig Jahren ist der Mensch ein Pfau; mit dreißig ein Löwe; mit vierzig ein Kamel; mit fünfzig eine Schlange, mit sechzig ein Hund; mit siebzig ein Affe; mit achtzig – nichts.

Baltasar Gracián

Für Pflanze und Tier gibt es das Wort ewig nicht und daher auch keine Ewigkeit. Es sollte sie auch für uns nicht geben. Wir sind. Wir werden nie sein, ebensowenig, wie wir je waren. Die Ewigkeit ist in jedem Moment »gelebte Gegenwart« – oder sie ist nicht. *Christian Morgenstern*

Warum soll die Gegenwart dem ihre Blicke schenken, der immer mit der Zukunft kokettiert? *Johann Nepomuk Nestroy*

Vom Stundenzeiger des Lebens – Das Leben besteht aus seltenen einzelnen Momenten von höchster Bedeutsamkeit und unzählig vielen Intervallen, in denen uns bestenfalls die Schattenbilder jener Momente umschweben. Die Liebe, der Frühling, jede schöne Melodie, das Gebirge, der Mond, das Meer – alles redet nur einmal ganz zum Herzen: Wenn es überhaupt je ganz zu Worte kommt. Denn viele Menschen haben jene Momente gar nicht und sind selber Intervalle und Pausen in der Symphonie des wirklichen Lebens. *Friedrich Nietzsche*

... vielleicht setzt du ein Leben an den spätren, ruhigen Genuß einer Blume, und wenn du sie endlich hast und dich an ihrem Dufte laben willst – hast du den Stockschnupfen. Was nutzt der Sieg, wenn uns in dem langen Kampf des Lebens die Empfindung für den Lorbeer verlorengegangen ist.

Theodor Fontane

Ich bin wie eine Uhr, die sich jeden Tag von neuem richten muß, weil sie jeden Tag immer wieder von neuem nachgeht.

Christian Morgenstern

Ja, es ist eine schöne Zeit, wo man sich noch Mühe gibt, die Zeit zu töten, aber es kommt leider nur zu schnell die Zeit, wo man merkt, daß die Zeit einen selbst tötet.

Johann Nepomuk Nestroy

Und wenn du dreitausend Jahre leben dürftest oder dreißigtausend, darüber mußt du dir doch im klaren sein, daß niemand ein anderes Leben verliert als das, was er lebt, und daß er kein anderes lebt als das, was er hingeben muß; so lang oder so kurz es ist, es kommt auf dasselbe hinaus. Denn das Gegenwärtige ist für alle an Dauer gleich, das Verlorene nicht mehr unser eigen, und die Einbuße erweist sich – so gesehen – als *geringfügig*. Denn weder die Vergangenheit noch die Zukunft kann man verlieren. Wie könnte man auch einem etwas rauben, was er gar nicht besitzt? An die folgenden zwei Wahrheiten muß man also immer denken: erstens, daß sich alles seit Ewigkeiten in einem regelmäßigen Kreislauf immer in derselben Weise abwickelt und es demnach nichts zu bedeuten hat, ob einer dieselben Eindrücke in hundert oder in zweihundert Jahren oder in einer unbegrenzt langen Zeit empfangen wird; zweitens, daß der Hochbetagte das gleiche verliert wie einer, dem ein früher Tod bestimmt ist. Denn nur die Gegenwart wird ihm entrissen werden, da ihm ja die allein gehört und niemand mehr verlieren kann, als was er besitzt. *Marc Aurel*

Widme die Zeit, die dir noch geschenkt ist, dir selbst! Die Menschen, die mehr auf Nachruhm aus sind, machen sich nicht klar, daß spätere Generationen nicht besser sind als die Zeitgenossen, über die sie sich ärgern. Auch jene aber sind sterblich. Was geht es dich überhaupt an, ob die Nachwelt mit den oder jenen Worten deinem Leben einen Nachruf widmet oder diese oder jene Meinung von dir hat. *Marc Aurel*

Besser als hundert Jahre in Unwissenheit
verbracht und ohne Meditation,
ist ein einziger Tag in Weisheit gelebt und in
tiefer Meditation.

Besser als hundert Jahre in Trägheit und
Schwäche verbracht,
ist ein einziger Tag mit Mut und eifrigem
Streben gelebt.

Besser als hundert Jahre, in denen man nicht
beachtet, wie die Dinge entstehn und
vergehn,
ist ein einziger Tag des Lebens, in dem
man betrachtet, wie die Dinge entstehn und
vergehn.

Besser als hundert Jahre, in denen man die
eigene Unsterblichkeit nicht sieht,
ist ein einziger Tag des Lebens, an dem man
die eigene Unsterblichkeit erkennt.
Besser als hundert Jahre, in denen man den
Pfad zur Erleuchtung nicht sieht,
ist ein einziger Tag, an dem man den Pfad
zur Erleuchtung erkennt.

Gautama Buddha

Sankaracarya hatte einen Schüler, der lange bei ihm war, ohne aber etwas dazugelernt zu haben. So hörte der Meister einmal Schritte hinter sich herannahen und wollte wissen: »Wer ist das?«, worauf der Schüler antwortete: »Aber ich bin es doch!« Darauf entgegnete der Meister: »Da dieses Ich dir so wichtig erscheint, so weite es entweder ins Unendliche oder aber kehre dich vollkommen ab von ihm.«

Ramakrishna

Ich lerne sehen. Ich weiß nicht, woran es liegt, es geht alles tiefer in mich ein und bleibt nicht an der Stelle stehen, wo es sonst immer zu Ende war. Ich habe ein Inneres, von dem ich nicht wußte. Alles geht jetzt dorthin. Ich weiß nicht, was dort geschieht.

Rainer Maria Rilke

Einem gelang es – er hob den Schleier der Göttin zu Sais. – Aber was sah er? Er sah – Wunder des Wunders – sich selbst.

Novalis

Denke mit dem Herzen

Nirgends, Geliebte, wird die Welt sein, als innen.
Unser Leben geht hin mit Verwandlung.
Und immer geringer schwindet das Außen.

Rainer Maria Rilke

Wir sind mit dem Unsichtbaren näher als mit dem
Sichtbaren verbunden. *Novalis*

XI

Wer Gott suchen will, der findet ihn überall

Ich will euch nur sagen,
daß Gott euer engster Vertrauter ist,
kein Fremder.

RAMAKRISHNA

Es GIBT DREI ARTEN von Menschen: die einen, die Gott dienen, nachdem sie ihn gefunden haben; die anderen, die sich bemühen ihn zu suchen, da sie ihn noch nicht gefunden haben; und wieder andere, die dahinleben ohne ihn zu suchen und ohne ihn gefunden zu haben. Die ersten sind vernünftig und glücklich; die letzten sind verrückt und unglücklich; die in der Mitte sind unglücklich und vernünftig.

Blaise Pascal

Überhaupt erkennt unser Herz einen Gott; und dieses unserer Vernunft faßlich zu machen, ist freilich schwer, wo nicht gar unmöglich.

Georg Christoph Lichtenberg

Einzig sind Wesen und Kraft des Geistes; ganz anders als alle uns bekannte und vertraute Kreatur. So ist der Geist etwas, was empfindet, weise ist, was lebt und Energie entfaltet; was überirdisch und göttlich und deshalb ewig sein muß. Denn auch ein Gott, soweit wir ihn erkennen, kann nur als absolut existenter und freier Geist verstanden werden, bar jeder Verbindung mit Irdischem; der alles empfindet und, mit ewiger Bewegung ausgestattet, alles bewegt.

Marcus Tullius Cicero

Die Welt ist Gottes Suche nach Sich, nach seinem Sinn, nach seinem Grund. Alles ist Weg, Gott ist Weg. Das Kleinste wie das Größte, alles ist nur ein Weg. Der Weg nach dem Sinn ist der Sinn selber. Der Weg nach dem Sinn ist der Sinn des Wegs.

Christian Morgenstern

Gott hat die unterschiedlichen Glaubensrichtungen erschaffen, um unterschiedlichen Suchenden in unterschiedlichen Ländern zu unterschiedlichen Epochen zu helfen. Alle Lehren sind lediglich viele unterschiedliche Wege, aber einer davon ist niemals Gott selbst. Man kann Ihn erreichen, wenn man einen der Wege aus ganzem Herzen mit Hingebung nachfolgt. Auch wenn es in dem Glauben, den man gewählt hat, Irrtümer gäbe, so wird Gott selbst sie doch berichtigen, wenn man nur ernsthaft und ehrlich ist.

Ramakrishna

Das sind glückliche Leute, die überall Gott vernehmen, überall Gott finden; diese Leute sind eigentlich religiös.

Novalis

Gott wäre etwas gar Erbärmliches, wenn er sich in einem Menschenkopfe begreifen könnte.

Christian Morgenstern

Alle meine Erfahrungen haben mich davon überzeugt, daß es keinen anderen Gott gibt als die Wahrheit. *Mahatma Gandhi*

Gott ist der tiefste Gedanke, den der Mensch je gedacht hat. Gott ist der eigentliche Gedanke der Erde, der einzige all unsrer Gedanken, der geschweige denn in Jahrtausenden, innerhalb ihres, der Erde, ganzen Daseins nicht zu Ende gedacht werden kann. Gott ist die große Frage der Erde, aller Erden: Ihr Leben, ihre offenbare zugleich und geheime Antwort. *Christian Morgenstern*

Ist denn wohl unser Begriff von Gott etwas weiter als personifizierte Unbegreiflichkeit?

Georg Christoph Lichtenberg

Gott ist seine eigene Erfindung. Das sich selbst Unerklärliche sagt aus Menschenmund Gott zu sich.

Christian Morgenstern

Gott selber, soweit wir seine Existenz erkennen, kann man sich nur als absoluten, unabhängigen Geist vorstellen. Er ist frei von jeder irdischen Verbindung. Er bemerkt alles und bewegt alles, während ihm selber ewige Bewegung eigen ist. Von dieser Art und demselben Wesen ist auch der menschliche Geist. *Marcus Tullius Cicero*

Es verrät wenig Weisheit bei manchen Leuten, daß sie sich über die religiösen Gebräuche anderer lustig machen; sie beweisen durch ihre Aufführung, daß sie den ganzen Sinn der Bibel nicht fassen.
Georg Christoph Lichtenberg

In seiner Religion muß man aufrichtig sein: wahre Heiden, wahre Juden, wahre Christen. *Blaise Pascal*

Wenn man drei in hohem Grade rechtschaffene Menschen A, B, C zusammenbrächte, wovon der eine ein Protestant, der andere ein Katholik und der dritte etwa ein Fichtianer wäre, und man sie genau prüfte, so würde man finden, daß sie alle drei ungefähr denselben Glauben an Gott haben, aber keiner den ganz, zu welchem er sich bekennen würde, wenn er bekennen müßte, in Worten versteht sich. Denn es ist ein großer Vorteil für die menschliche Natur, daß die tugendhaftesten Menschen kaum recht sagen können, warum sie tugendhaft sind; und indem sie ihren Glauben zu predigen glauben, so predigen sie ihn eigentlich nicht.

Georg Christoph Lichtenberg

Die Menschen sind heute so weit gesunken, daß sie sich »genieren«, vom Wesentlichsten ihres und allen Lebens zu reden. Gott, Christus, Unendlichkeit sind in gewissen Kreisen so verpönt wie in andern Hemd, Hose, Strümpfe; es gehört nicht zum guten Ton, nicht zum savoir vivre, sie nicht völlig zu ignorieren. Nur der »weiß« heute zu »leben«, der in der Tat nicht mehr weiß, was leben heißt.

Christian Morgenstern

Ich suchte Dich, doch konnte ich Dich nicht finden. Ich rief laut nach Dir vom Minarett. Ich läutete die Tempelglocke beim Aufgang und Untergang der Sonne, ich badete vergebens im Ganges, enttäuscht kam ich von der Kaaba zurück.

Ich schaute mich um auf der Erde, ich suchte nach Dir im Himmel, mein Geliebter, aber zuletzt habe ich Dich gefunden als verborgene Perle in der Muschel meines Herzens.

Hazrat Inayat Khan

Wie man zu einem Hausdach dank eines Bambus-
stamms, einer Treppe oder auf verschiedene weitere Arten gelangen kann, genau so verschieden
sind die Wege und Weisen, welche hin zu Gott
führen. In der Welt ist jede Religion ein Weg, um
Ihm nahezuwerden. *Ramakrishna*

Für mich ist Wahrheit das Grundprinzip, das viele
andere Prinzipien in sich schließt. Diese Wahrheit
ist nicht nur Wahrhaftigkeit im Reden, sondern
auch Wahrhaftigkeit im Denken, und nicht nur die
relative Wahrheit unseres Begriffs, sondern die absolute Wahrheit, das ewige Prinzip, das heißt Gott.
Es gibt unzählige Definitionen von Gott, weil seine
Manifestationen unzählige sind. Sie überwältigen
mich in Bewunderung und Ehrfurcht und betäu-
ben mich für einen Augenblick. Doch ich bete
Gott nur als Wahrheit an. *Mahatma Gandhi*

Wie das Spiel nun einmal steht, müßt ihr euch die
Mühe machen, die Wahrheit zu suchen, denn wenn
ihr sterbt, ohne das wahre Prinzip anzubeten, seid
ihr verloren. Aber, sagt ihr, wenn er gewollt hätte,
daß ich ihn anbete, hätte er mir Zeichen seines Wil-

lens gewährt. Das hat er getan, aber ihr beachtet sie nicht. Sucht sie also: Es lohnt sich sehr. *Blaise Pascal*

Wirklich innerster, reinster Glauben kann sich nur auf etwas beziehen, wofür die Sprache kein anderes Wort hat als absurdum; das Absurde ist sein einziges Objekt: Ja, ich möchte noch weiter gehen: Was geglaubt werden kann, ist schon nicht mehr glaubwürdig. Glaube, im innersten Begriff, ist Annahme aller Möglichkeiten mit Ausnahme der einzigen, zu ihm selbst je ein bestimmtes Geglaubtes, d. h. einen irgendwie bestimmten Inhalt, zu finden. Glaube ist nur wahrer Glaube als von keinem Gedanken entweihtes Gefühl Gottes. Glaube ist damit das Gefühl Gottes von sich selbst, Glaube *an* Gott ist bereits kein reiner Glaube mehr: Das *an* setzt einen Gedanken, ein Urteil, eine Auswahl voraus: Glaube *an* Gott ist ebenso wenig Glaube Gottes wie Gefühl an Gott. Gefühl Gottes. Daher auch keine Vernunft dem wahren Glauben etwas anhaben kann.

Christian Morgenstern

Die *Gedanken des Herzens,* das ist das ursprüngliche Leben der Seele in ihrem Wesensgrunde, in einer Tiefe, die vor aller Spaltung in verschiedene Kräfte und ihre Betätigung liegt. Die Seele lebt sich darin aus, so wie sie in sich selbst ist, jenseits von allem, was durch die Geschöpfe in ihr hervorgerufen wird. Wenn dieses Innerste die Wohnstätte Gottes und der Ort der Vereinigung der Seele mit Gott ist, so flutet doch das Eigenleben hier, ehe das Leben der Vereinigung beginnt: auch dort, wo es nie zu einer Vereinigung kommt. Jede Seele hat ja ein Innerstes, und dessen Sein ist Leben. *Edith Stein*

Vielleicht. Vielleicht ist das neu, daß wir das überstehen: das Jahr und die Liebe. Blüten und Früchte sind reif, wenn sie fallen; die Tiere fühlen sich und finden sich zueinander und sind es zufrieden. Wir aber, die wir uns Gott vorgenommen haben, wir können nicht fertig werden. Wir rücken unsere Natur hinaus, wir brauchen noch Zeit. Was ist uns ein Jahr? Was sind alle? Noch eh wir Gott angefangen haben, beten wir schon zu ihm: Laß uns die Nacht überstehen. Und dann das Kranksein. Und dann die Liebe. *Rainer Maria Rilke*

Es gibt nichts Schrecklicheres als die Menschheitsbeglücker par force, die gewaltsam heilen, helfen oder gar selig machen wollen. Ich habe nichts gegen das Seligwerden, aber, um den ewig alten Satz zu zitieren, wenn's sein kann auf *meine* Fasson.

Theodor Fontane

Gegenseitige Duldung ist eine Notwendigkeit für alle Zeiten und Rassen. Wir können unmöglich in Frieden leben, wenn die Hindu die muslimische Form der Anbetung Gottes und ihre Übungen nicht dulden wollen oder wenn die Muslims sich ereifern über die Bilderverehrung und den Kultus des Rindes bei den Hindu. Duldung erfordert nicht, daß ich das, was ich dulde, auch billige. Alkohol-, Fleisch- und Tabakgenuß mißfallen mir im höchsten Grad, und doch dulde ich das alles bei den Hindu, den Muslims und Christen, wie ich von ihnen auch erwarte, daß sie meine Enthaltsamkeit in diesen Dingen dulden, auch wenn sie ihnen mißfällt. Aller Streit zwischen Muslims und Hindu kommt daher, daß einer den andern durch *Gewalt* zu seiner Ansicht bekehren will.   *Mahatma Gandhi*

Ihr Weißen behauptet, Recht zu haben, und wir sollen im Irrtum sein. Woher sollen wir wissen, ob das stimmt … Wenn es nur eine Religion gibt, warum glauben die Weißen so viele verschiedene Dinge. Wir streiten uns niemals über religiöse Fragen.

Sagoyewatha (Red Jacket), Seneca

Die Stimme des Großen Geistes ist im Gesang der Vögel zu hören, im Rauschen der Bäche und im süßen Atem der Blumen. Wenn ihr das heidnisch nennt, dann bin ich eine Heidin.

Zitkala-Sa, Dakota Sioux

Als ich ein Kind war, unterrichtete meine Mutter mich in der Überlieferung unseres Volkes. Sie erzählte mir von der Sonne und vom Himmel, vom Mond und den Sternen, den Wolken und den Winden. Sie lehrte mich auch niederzuknien und zu Usen um Kraft, Gesundheit, Weisheit und Schutz zu bitten. Niemals waren unsere Gebete gegen andere gerichtet.

Geronimo, Häuptling der Chiricahua Apachen

Ich habe Leute gefunden, die mich um meinen Frieden beneiden. Nun, dieser Friede, kann ich Ihnen sagen, kommt vom Beten. Ich bin dabei gleichgültig gegen dessen Form. Jedermann ist in dieser Beziehung sein eigenes Gesetz. Doch es gibt ein paar gut markierte Wege, und es ist sicher, sich längs der gebahnten Pfade, die von den alten Lehrern begangen wurden, zu bewegen ...   *Mahatma Gandhi*

Ich konnte mich nicht mit den Christen im Gebet zusammenfinden. Sie bettelten Gott an, doch ich konnte das nicht tun, es mißriet mir völlig. Ich versuchte es mit Unglauben an Gott und Gebet und fühlte nichts als eine Leere im Leben. Doch in diesem Stadium spürte ich, daß Beten so unentbehrlich für die Seele war wie Nahrung für den Körper. Tatsächlich ist Nahrung für den Leib nicht einmal so nötig wie Beten für die Seele. Denn Fasten ist oft nötig, um den Körper gesund zu erhalten, doch es gibt nicht so etwas wie Gebetsfasten. Sie können sich unmöglich am Beten überessen.

Mahatma Gandhi

Um den allgemeinen und alles durchdringenden Geist der Wahrheit von Angesicht zu Angesicht zu schauen, muß man fähig sein, das geringste Geschöpf zu lieben wie sich selbst. Und jemand, der danach strebt, kann es sich nicht leisten, sich aus allen Bereichen weltlichen Lebens herauszuhalten. Deshalb hat meine Hingabe an die Wahrheit mich ins Feld der Politik getrieben. Ich kann ohne das mindeste Zögern sagen, daß, wer behauptet, Religion habe nichts mit Politik zu tun, nicht weiß, was Religion bedeutet.   *Mahatma Gandhi*

Gott als Arzt, als Geistlicher, als Frau, Freund etc. Alles Gute in der Welt ist unmittelbare Wirksamkeit Gottes. In jedem Menschen kann mir Gott erscheinen.   *Novalis*

Habt das Leben bis in seine unscheinbarsten Äußerungen hinab lieb und ihr werdet bis in eure unscheinbarsten Bewegungen hinab unbewußt von ihm zeugen.   *Christian Morgenstern*

Haltet mich von dem fern,
der sagt:
»Ich bin das Licht,
das den Menschen ihren Weg weist«;
doch führt mich zu dem,
der seinen Weg
durch das Licht der Menschen
hindurch sucht.   *Khalil Gibran*

Das heitere Licht sagt: Das Gesetz bewirkt Leben,
die Finsternis Spaltungen und die Nachtzeit Traurigkeit. Der Mensch, der nach dem Besitz des Lebens verlangt, muß frei sein von Spaltungen [...].
Schaue auf zu den Lebendigen, die allüberall Augen
haben, so daß du in allem, was dir begegnet, Gott
schaust und so Sein geliebter Sohn genannt wer-
dest.   *Hildegard von Bingen*

Was sagt Meister Ekkehart anders als: Zerbrich alle
Sprache und damit alle Begriffe und Dinge: Der
Rest ist Schweigen. Dies Schweigen aber ist – Gott.
                                    Christian Morgenstern

XII

Leben ist Suche

Für den menschlichen Geist
gibt es nichts Erfreulicheres
als das Licht der Wahrheit.

<small>MARCUS TULLIUS CICERO</small>

LEBEN IST DIE SUCHE des Nichts nach dem Etwas.

Christian Morgenstern

Unsere Zeit, in der alle festen Formen des irdischen Lebens in Schwanken und Umbildung sind, ist auch eine Zeit des Ringens um die ewigen Fragen. Gewiß gibt es auch heute noch Stumpfe und Gleichgültige, die an diesen Fragen vorübergehen.

Edith Stein

Die Menschheit hat längst alles empfangen, was zu empfangen ist. Aber sie muß es immer wieder von neuem und in immer wieder neuer Form empfangen und verarbeiten.

Christian Morgenstern

Wenn mich jemand widerlegen und davon überzeugen kann, daß mein Denken oder Tun nicht richtig ist, dann werde ich meinen Standpunkt mit Freuden äußern. Denn ich suche die Wahrheit, die noch nie einem Menschen geschadet hat; Schaden erleidet nur der, der bei seinem Irrtum und Unverstand bleibt.

Marc Aurel

Motto: die Wahrheit finden wollen ist ein Verdienst, wenn man auch auf dem Wege irrt.

Georg Christoph Lichtenberg

Wahrheit will keine Götter neben sich. – Der Glaube an die Wahrheit beginnt mit dem Zweifel an allen bis dahin geglaubten Wahrheiten.

Feinde der Wahrheit. – Überzeugungen sind gefährlichere Feinde der Wahrheit als Lügen.

Friedrich Nietzsche

Die destruktiven Elemente ziehen aus nichts so viel Nutzen und Nahrung wie aus den Unwahrheiten derer, die, sei es in Staat oder Kirche, sich anspruchsvoll als die bestellten Wächter der Wahrheit gerieren.

Theodor Fontane

Die Wahrheit ist in dieser Zeit so sehr verdunkelt, und die Lüge so allgemein verbreitet, daß man die Wahrheit nicht erkennen kann, wenn man sie nicht liebt.

Blaise Pascal

Freunde des Menschengeschlechts und dessen, was
ihm am heiligsten ist! Nehmt an, was euch nach
sorgfältiger und aufrichtiger Prüfung am glaub-
würdigsten scheint, es möge nun Facta, es mögen
Vernunftgründe sein; nur streitet der Vernunft nicht
das, was sie zum höchsten Gut auf Erden macht,
nämlich das Vorrecht ab, der letzte Probierstein der
Wahrheit zu sein.   *Immanuel Kant*

Für uns Menschen muß überall der Punkt, bis zu
dem wir vordringen können, anstatt der Wahrheit
gelten.   *Friedrich Hebbel*

Dem Menschen ist es nicht gegeben, die ganze
Wahrheit zu erkennen. Seine Aufgabe besteht
darin, sein Leben nach der Wahrheit zu richten, wo
und wie er sie erkennt, und dafür die reinsten Mittel zu wählen, also die Gewaltlosigkeit. Wahrheit ist
nicht in Büchern zu finden. Wahrheit wohnt in jedem Menschenherzen, und hier muß man sie suchen und sich von der Wahrheit leiten lassen, wie
man sie auffaßt. Aber niemand hat das Recht, andere zu zwingen, nach seiner Auffassung und Wahrheit zu handeln.   *Mahatma Gandhi*

Es ist vornehmste Pflicht des Weisen und zugleich Ausweis für seine Weisheit, daß seine Worte mit seinen Taten übereinstimmen, so daß er sich bei jeder Gelegenheit treu bleibt. *Lucius Annaeus Seneca*

Wer etwa daran zweifelt, daß Weisheit und Selbstaufgabe untrennbar miteinander verbunden sind, der soll einmal darauf achten, wie am anderen Ende Dummheit und Egoismus immer Hand in Hand gehen. *Lew Nikolajewitsch Tolstoi*

Eine Wahrheit kann erst wirken, wenn der Empfänger für sie reif ist. Nicht an den Wahrheiten liegt es daher, wenn die Menschen noch so voller Unweisheit sind. *Christian Morgenstern*

Was ist Weisheit? Immer dasselbe wollen und dasselbe nicht wollen. Man braucht eigentlich diese geringe Einschränkung kaum mehr anzufügen: daß nämlich moralisch recht sein muß, was man will. Denn es kann einem nur das für alle Zeit zusagen, was sittlich in Ordnung ist. *Lucius Annaeus Seneca*

»*Weisheit*« scheint mir nicht bloß theoretische, sondern auch praktische Vollkommenheit zu bezeichnen. Ich würde sie definieren als die vollendete, richtige Erkenntnis der Dinge im ganzen und allgemeinen, die den Menschen so völlig durchdrungen hat, daß sie nun auch in seinem Handeln hervortritt, indem sie sein Tun überall leitet …

Arthur Schopenhauer

Darin liegt meiner Meinung nach die höchste Anerkennung, die man der Weisheit spenden kann: daß sie unabhängig ist und sich in der Beurteilung dessen, worin das gute und das schlechte Leben besteht, von äußerlichen Dingen nicht beeinflussen läßt.

Marcus Tullius Cicero

Die Dinge selbst berühren die Seele in keiner Weise, haben keinen Zugang zu ihr und können sie weder umstimmen noch bewegen. Umstimmen und bewegen kann sie sich nur selbst, und dem, was von außen an sie herantritt, gibt sie erst auf Grund der Bewertung, die sie vor sich verantworten zu können glaubt, seinen Wert.

Marc Aurel

Die Essenz der Milch ist Butter, die Essenz der Blume ist Honig, die Essenz der Trauben ist Wein, die Essenz des Lebens ist Weisheit. Weisheit ist nicht notwendigerweise das Wissen von Namen und Formen; Weisheit ist die Gesamtsumme des Wissens, das man sowohl äußerlich wie innerlich erlangt. Ein intellektueller Mensch wird argumentieren und disputieren, aber sehr oft über ein Thema, das er selbst nicht vollständig beherrscht. Wer weiß, braucht nicht zu argumentieren. Er ist zufrieden, daß er nicht den Hunger des Menschen, der argumentiert, fühlt. Intellektuelles Wissen hat viel mit dem Gehirn zu tun, während Weisheit aus dem Herzen kommt. In der Weisheit wirken sowohl der Kopf wie das Herz. Man kann das Gehirn den Sitz des Intellekts nennen und das Herz den Thron der Weisheit; aber sie sind nicht tatsächlich im Gehirn oder im Herzen lokalisiert. Weisheit kann geistiges Wissen genannt werden, aber die beste Definition der Weisheit wäre vollkommenes Wissen, das Wissen vom inneren und äußeren Leben.

Hazrat Inayat Khan

Das Innerste der Seele ist das »Geistigste« an ihr. Obgleich Eindrücke, die durch die Sinne vermittelt sind, bis hierher gelangen und obgleich sich das, was hier geschieht, bis in die Formung des Leibes hinein auswirkt, haben wir es doch mit einem von aller Sinnlichkeit und Leiblichkeit ablösbaren Sein zu tun: Wir können uns ein *inneres Leben* der Seele denken, das bei ihrer Trennung vom Leib und beim Fortfall aller Sinneseindrücke bestehen bleibt.

Vom Innersten her erfolgt auch die *Ausstrahlung* des eigenen Wesens, das unwillkürliche geistige Ausgehen von sich selbst. Je gesammelter ein Mensch im Innersten seiner Seele lebt, um so stärker ist diese Ausstrahlung, die von ihm ausgeht und andere in seinen Bann zieht. Um so stärker trägt aber auch alles freie geistige Verhalten den Stempel der persönlichen Eigenart, die im Innersten der Seele beheimatet ist. Um so stärker ist ferner der Leib davon geprägt und eben dadurch »vergeistigt«. Hier ist der wahre Mittelpunkt des leiblich-see-lisch-geistigen Seins. *Edith Stein*

Die Seele stammt vom Himmel. Sie ist aus ihrer Heimat im hohen, hehren Himmel hierher ge-zwungen und gleichsam auf die Erde ausgesät wor-den; einen Ort also, der mit der göttlichen Natur und der Ewigkeit überhaupt nichts zu tun hat. Aber ich glaube, die unsterblichen Götter haben die Seele dem menschlichen Leib eingestiftet, damit es Wesen gibt, die den Schutz der Erde übernehmen. Zudem sollen sie die Gesetze, die im Himmel herrschen, nachsinnend betrachten und sie gleichzeitig durch Maßhalten und Beständigkeit in ihrem Leben befolgen. Zu diesem Glauben haben mich nicht nur die eigene Vernunft und Überlegung gebracht, sondern auch die zwingende Autorität hervorragender Philosophen. *Marcus Tullius Cicero*

Sollte in immer höherer Erkenntnis und Liebe (in immer höheren Formen) nicht die Möglichkeit immer höheren Glückes liegen?

Christian Morgenstern

Die Definition des höchsten Gutes läßt sich auch anders formulieren und auch erweitern. Es ist deshalb dasselbe, wenn ich sage: »Das höchste Gut besteht in einem Geist, dem es widerstrebt, sich dem Zufall zu überlassen, und der seine Freude an der Tugend hat.« – Oder: »Es besteht in der unbesiegbaren Kraft des Geistes, der mit der Wirklichkeit zurecht kommt und der gelassen im Handeln sowie voller Menschlichkeit und Sorge um die Mitmenschen ist.« Man könnte auch noch so definieren:

»Wir nennen einen Menschen glücklich, für den Gut und Böse Begriffe sind, die sich nur auf menschliche Werte beziehen. Dem die Sittlichkeit am Herzen liegt; dem die Tugend alles bedeutet; den die Wechselfälle des Lebens weder überheblich machen noch zerbrechen; der kein größeres Gut kennt als das, welches er mit Hilfe seiner Weltanschauung sich selber geben kann; für den wahres Vergnügen gerade die Geringschätzung des Vergnügens bedeutet.« Wollte man sich darüber noch weiter auslassen, so könnte man dasselbe immer wieder mit andern Worten erläutern, wobei die Bedeutung die gleiche bliebe. Was hindert uns etwa daran, als glückliches Leben zu bezeichnen, daß man einen Geist besitzt, der frei, aufrecht, und innerlich gefestigt ist? Der keine Angst kennt, der die Begierden im Griff hat? Ihm ist die Tugend das einzige Gut, die Schande das einzige Übel. Alles übrige ist ihm eine Anhäufung nebensächlicher Dinge, die dem glücklichen Leben zwar in keiner Weise abträglich sind, dieses aber nicht vermehren. All das kommt und geht, ohne das höchste Gut im positiven oder negativen Sinne zu beeinflussen. Ein Geist, der auf solchen Fundamenten aufgebaut ist, muß ohne jeden Zweifel eine ständige Heiterkeit und eine tiefe, aus dem Herzen strömende Freude empfinden, so daß er sich an dem, was er besitzt, freut und nicht mehr verlangt, als was seine häuslichen Verhältnisse ihm bieten.   *Lucius Annaeus Seneca*

Heb mich auf und wirf mich, wohin du willst! Denn ich werde auch dort einen Dämon voll heiterer Gelassenheit haben, d. h. eine Seele, die zufrieden ist, wenn sie so sein und handeln darf, wie es ihrer besonderen Veranlagung entspricht.

Ist diese Sache es wert, daß es meiner Seele deshalb schlecht geht und sie an Wert verliert, weil sie gedemütigt, den Sinnen unterworfen, an den Leib gefesselt und geängstigt wird? Wo wirst du etwas finden, das solche Opfer aufwöge?   *Marc Aurel*

Niemand wird die Welt verstehen, der sie von heute auf morgen verstehen zu müssen glaubt, der sich über die augenblickliche Konfiguration der Erde nicht so hinwegzusetzen vermag, daß ihm heute und morgen zu Unwesentlichkeiten werden.
Christian Morgenstern

Schon das Nachdenken über Macht und Wesen
der Götter entfacht das Verlangen, sich der Ewigkeit des göttlichen Geistes anzuverwandeln. Der
(weise) Mensch vertritt nämlich nicht die Auffassung, daß der Geist in dem kurzen Leben hier beheimatet sei. Sieht er doch, wie die Ursprünge der
Dinge voneinander abhängig und durch ein un-
wandelbares zwingendes Gesetz miteinander verbunden sind. Jene Ursprünge entstammen der
Ewigkeit und sind deshalb auch hinsichtlich ihrer
Zukunft ewig. Trotzdem werden sie von Geist und
Vernunft gesteuert. Das betrachtet der Mensch,
wenn er die Augen erhebt oder vielmehr wenn er
nach allen Himmelsrichtungen und Küsten ringsum Ausschau hält. Mit welcher inneren Ruhe und
Gelassenheit muß er da alles Irdische und Überirdische bewerten. *Marcus Tullius Cicero*

Wir bedürfen eines kleinen Kreises, um groß zu
sein, und sind klein, wenn wir die Welt umfassen
wollen; unser Geist, der Sonnenbahnen berechnet,
reicht doch wiederum nicht weiter wie unsre
Arme, und wer es leugnet, überschätzt sich, und
wer sich überschätzt, ist – klein. *Theodor Fontane*

Einen großartigen Beweis von der erbärmlichen
Subjektivität der Menschen, in Folge welcher sie alles auf sich beziehn und von jedem Gedanken sogleich in gerader Linie auf sich zurückgehn, liefert
die *Astrologie,* welche den Gang der großen Welt-
körper auf das armselige Ich bezieht, wie auch die
Kometen am Himmel in Verbindung bringt mit
den irdischen Händeln und Lumpereien.

Arthur Schopenhauer

Neben dem Denker ein prosaischer Mensch, der
ruhig sein Geschäft treibt – neben jeder Krippe,
worin ein Heiland, eine welterlösende Idee, den
Tag erblickt, steht auch ein Ochse, der ruhig frißt –

Heinrich Heine

Ohne alle Affektion darf ich sagen, daß ich beständig das Gefühl des Darüberstehens habe. Die große
Welt ist klein, und die Größe liegt ganz woanders.

Theodor Fontane

Ich glaube, eine Weltordnung, die der Mensch begriffe, würde ihm unerträglicher sein als diese, die
er nicht begreift. Das Geheimnis ist seine eigentliche Lebensquelle, mit seinen Augen will er etwas
sehen, aber nicht alles; sieht er alles, so meint er, er
sieht nichts.

Friedrich Hebbel

Alle Dinge der Schöpfung sind heilig. Jeder Morgen ist heilig, jeder Tag ist heilig, denn das Licht des Tages wurde von Wakan Tanka, unserem Vater gesandt. Bedenkt, daß alle Geschöpfe dieser Welt heilig sind und darum entsprechend behandelt werden sollen. *Hehaka Sapa, Oglala Sioux*

All den großen Sätzen in der Bergpredigt haftet zwar etwas Philiströses an, aber wenn ihre Weisheit richtig geübt wird, d. h. nicht in Feigheit, sondern in stillem Mut, so sind sie doch das einzig Wahre, und die ganze Größe des Christentums steckt in den paar Aussprüchen. Man begreift dann Omar, als er die alexandrinische Bibliothek verbrannte. »Steht es *nicht* im Koran, so ist es schädlich, steht es im Koran, so ist es überflüssig.« Das ist das Resultat, wenn man lange gelebt hat: Alles was da ist, kann verbrannt werden, wenn nur zehn oder zwölf Sätze, in denen die Menschenordnung liegt (nicht die *Welt*ordnung, von der wir gar nichts wissen) übrigbleiben. Es ist auch recht gut so; nur für einen Schriftsteller, der vom Sätzebau lebt, hat es etwas Niederdrückendes. *Theodor Fontane*

Du siehst in etwa 100 Meter Entfernung einen Mann Holz spalten. Das auf den Hackblock geschmetterte Scheit sinkt bereits nach links und rechts auseinander – da erreicht dich erst der Schall. So mögen wir die Welt ein halbes Leben lang betrachten, bis wir das Wort vernehmen, das zu ihr gehört, die Seele, die von ihr redet.

Christian Morgenstern

Dein Ziel sei Einheit! Du hörst nicht mit den Ohren, sondern hörst mit dem Verstand; du hörst nicht mit dem Verstand, sondern hörst mit der Seele. Das äußere Hören darf nicht weiter eindringen als bis zum Ohr, der Verstand darf kein Sonderdasein führen wollen, so wird die Seele leer und vermag die Welt in sich aufzunehmen. Und das Tao ist's, das diese Leere füllt. Dieses Leersein ist Fasten des Herzens.

Dschuang Dse

Vergiß nicht, wie lange du schon die Verwirklichung solcher Grundsätze hinausschiebst und wie oft dir die Götter schon eine Frist gesetzt haben, ohne daß du sie eingehalten hättest! Du mußt doch endlich einmal begreifen, was das für ein Kosmos ist, von dem du ein Teil bist, und wer der Gestalter der Welt ist, als dessen Ausstrahlung du ins Leben tratst! Daß dir nur eine engbegrenzte Spanne Zeit vergönnt ist; nutzt du sie nicht zur Erleuchtung deiner Seele, dann wird sie eines Tages verstrichen sein und du selbst dahin, und eine zweite Möglichkeit wird dir nicht gegeben werden.   *Marc Aurel*

Wo Wahrheit ist, da ist auch Erkenntnis, wahre Erkenntnis. Ohne Wahrheit kann es keine Erkenntnis geben. Und wahre Erkenntnis ist stets mit Glückseligkeit verbunden, für Schmerz ist da kein Raum, und gleich wie die Wahrheit ewig ist, so ist es auch die davon abgeleitete Glückseligkeit. Daher kennen wir Gott als Einen, der in sich Wahrheit, Erkenntnis und Glückseligkeit vereint.

Hingabe an diese Wahrheit ist der einzige Grund für unser Dasein.   *Mahatma Gandhi*

Es ist eine wunderliche Sache, dem Erklären und Beschreiben feinsinniger Historiker und Psychologen zuzusehen: mit wie geschickten Figuren sie das Leben zergliedern, zerfasern – und wie dennoch das Geheimnis dieses Lebens unberührt bleibt.

Christian Morgenstern

Der Sinn, der sich aussprechen läßt,
ist nicht der ewige Sinn.
Der Name, der sich nennen läßt,
ist nicht der ewige Name.
»Sein« nenne ich den Anfang von Himmel
und Erde.
»Nichtsein« nenne ich die Mutter der
Einzelwesen.
Darum führt die Richtung auf das Nichtsein
zum Schauen des wunderbaren Wesens,
die Richtung auf das Sein
zum Schauen der räumlichen Begrenztheiten.
Beides ist eins dem Ursprung nah
und nur verschieden durch den Namen.
In seiner Einheit heißt es das Geheimnis.
Des Geheimnisses noch tieferes Geheimnis
ist das Tor, durch das alle Wunder hervortreten.

Laotse

Kennt ihr das Eine, kennt ihr alles weitere. Setzt
man hinter die Eins fünfzig Nullen, wird eine
große Zahl daraus. Streicht man die Eins aber, so
bleibt nichts. Durch die Eins wird das Viele geschaffen. *Ramakrishna*

Das Herz ist der Schlüssel der Welt und des Lebens. Man lebt in diesem hilflosen Zustand, um zu lieben –, und andern verpflichtet zu sein.   *Novalis*

Der Mensch kommt durch nichts den Göttern näher als dadurch, daß er andern Gutes tut.

Marcus Tullius Cicero

Ich bin kein Weiser, […] ich werde es auch nicht werden. Verlange deshalb von mir nicht, daß ich mich mit den Besten auf gleiche Stufe stelle, sondern daß ich etwas besser bin als die Schlechten. Das genügt mir: täglich etwas von meinen Fehlern abzulegen und meine Irrtümer zu korrigieren.

Lucius Annaeus Seneca

XIII

Ich will den Herbst

Wenn ich einen grünen Zweig im Herzen trage,
wird sich ein Singvogel darauf niederlassen.

Aus China

ICH WILL DEN HERBST! Ist es nicht, als wäre er das eigentlich Schaffende, schaffender denn der Frühling, der schon gleich ist, schaffender, wenn er kommt mit seinem Willen zur Verwandlung und das viel zu fertige, viel zu befriedigte, schließlich fast bürgerlich-behagliche Bild des Sommers zerstört? Dieser große herrliche Wind, der Himmel auf Himmel baut; in sein Land möchte ich gehen und auf seinen Wegen.   *Rainer Maria Rilke*

Schicksalsspruch
Unhemmbar rinnt und reißt der Strom der Zeit,
in dem wir gleich verstreuten Blumen schwimmen,
unhemmbar braust und fegt der Sturm der Zeit,
wir reifen kaum, verweht sind unsre Stimmen.
Ein kurzer Augenaufschlag ist der Mensch,
den ewige Kraft auf ihre Werke tut;
ein Blinzeln – der Geschlechter lange Reihn,
ein Blick – des Erdballs Werden und Verglut.
                              Christian Morgenstern

Ich bin in dem Alter, wo das, was man hat, Früchte tragen muß und nur nebenher, so gut es eben noch geht, nachgeholt werden muß, was fehlt.

                                        Edith Stein

Der Herbst fängt an. Ich sehe es im Garten, an den Bäumen und Büschen. Ich spüre es an der Luft und den eigenen Gliedern. Der Sommer ist unwiderruflich vorbei.

Gegen den Herbst ist kein Kraut gewachsen. Aber der Herbst ist schön und kann so reich an Farben sein.

Die letzten Freuden des Lebens sind stiller, aber auch tiefer. So will ich den Herbst ruhig zu mir kommen lassen.

Phil Bosmans

Gegen das Ende des Lebens nun gar geht es wie gegen das Ende eines Maskenballs, wann die Larven abgenommen werden. Man sieht jetzt, wer diejenigen, mit denen man, während seines Lebenslaufes, in Berührung gekommen war, eigentlich gewesen sind. Denn die Charaktere haben sich an den Tag gelegt, die Taten haben ihre Früchte getragen, die Leistungen ihre gerechte Würdigung erhalten und alle Trugbilder sind zerfallen. Zu diesem allen nämlich war Zeit erfordert. – Das Seltsamste aber ist, daß man sogar sich selbst, sein eigenes Ziel und Zwecke, erst gegen das Ende des Lebens eigentlich erkennt und versteht, zumal in seinem Verhältnis zur Welt, zu den andern. Zwar oft, aber nicht im-

mer, wird man dabei sich eine niedrigere Stelle an-
zuweisen haben, als man früher vermeint hatte; bisweilen auch eine höhere; welches dann daher
kommt, daß man von der Niedrigkeit der Welt
keine ausreichende Vorstellung gehabt hatte und
demnach sein Ziel höher steckte, als sie. Man er-
fährt beiläufig, was an einem ist.

Arthur Schopenhauer

Die Welt gleicht einer Bühne, auf der die Menschen viele Rollen in unterschiedlichen Kostümen
spielen. Sie legen nicht gern ihre Masken ab, bevor
sie nicht eine Zeitlang gespielt haben. Also laß sie es
eine Weile tun, und sie werden von selbst die Ko-
stüme abwerfen. *Ramakrishna*

Wie man, auf einem Schiffe befindlich, sein Vor-
wärtskommen nur am Zurückweichen und demnach Kleinerwerden der Gegenstände auf dem
Ufer bemerkt, so wird man sein Alt- und Älterwer-
den daran inne, daß Leute von immer höheren Jahren einem jung vorkommen. *Arthur Schopenhauer*

Das Leben als Ertrag des Lebens. – Der Mensch
mag sich noch so weit mit seiner Erkenntnis aus-
recken, sich selber noch so objektiv vorkommen:
Zuletzt trägt er doch nichts davon als seine eigne
Biographie.
                                        Friedrich Nietzsche

Wir haben ein junges Herz,
solange wir das Leben gern haben,
wie es sich jeden Tag präsentiert,
das Leben mit seinen guten
und mit seinen schlechten Seiten.
Wir haben ein junges Herz,
solange wir die Menschen gern haben
und solange wir ihnen alles gönnen,
was wir selbst vielleicht vermissen.
Wer mit einem jungen Herzen alt wird,
der weiß mit einer stillen Fröhlichkeit
die vielen kleinen und großen Beschwerden
der alten Tage anzunehmen.
Er weiß um den Sinn des Lebens
und des Sterbens.
Er weiß, wie kurz und wie klein
alles auf dieser Erde ist,
und er hat Hoffnung auf ewiges Leben.
                                        Phil Bosmans

Drum is Jugend so schön, denn da hat man das Recht, dumm zu sein, und das Alter so traurig, denn da hat man die Verpflichtung, g'scheit zu sein. Da hat die Jugend schon das Gute, daß man wenn eim was kränkt, sich graue Haare wachsen lassen kann, im Alter wenn eim was kränkt, bleibt eim nichts übrig, als man reißt sich s' aus.

Johann Nepomuk Nestroy

Die glücklichen Zeiten des Lebens, da man noch nicht denkt, wie alt man ist, noch kein Buch hält über die Haushaltung des Lebens.

Georg Christoph Lichtenberg

Der Mensch ist nie in die alten Tage. Ich war in die alten Tag', wie ich zwanzig Jahr' alt war; denn diese Tage sind jetzt schon so alt, daß ich seitdem eine Unzahl neue gebraucht hab' zum Verleben. Die jetzigen sind meine jungen Tag', der heutige is mein jüngster, und die noch nachkommen werden, sind gar jung, weil sie zu den noch ungebor'nen gehören.

Johann Nepomuk Nestroy

Die Menschen gehen viel zu nachlässig mit ihren Erinnerungen um.

Novalis

Nichts ist schändlicher, als wenn ein Greis mit nichts anderem beweisen kann, daß er lange gelebt hat, als mit der Zahl seiner Jahre.

Lucius Annaeus Seneca

Könntest du nur sehn, wie du mir erscheinst, welches wunderbare Bild deine Gestalt durchdringt und mir überall entgegen leuchtet, du würdest kein Alter fürchten. Deine irdische Gestalt ist nur ein Schatten dieses Bildes. Die irdischen Kräfte ringen und quellen, um es festzuhalten, aber die Natur ist noch unreif; das Bild ist ein ewiges Urbild, ein Teil der unbekannten heiligen Welt.

Novalis

Du kränkst dich hoffentlich nicht darüber, daß du nicht dreihundert Pfund wiegst, sondern nur soundsoviel. Dann wirst du dich auch nicht darüber grämen, daß du nur noch eine bestimmte Zahl von Jahren leben darfst und nicht mehr. Denn wie du mit dem zufrieden bist, was dir an Körperfülle beschieden ist, so sei es auch mit der dir angemessenen Zeit!

Marc Aurel

Die Zeit heilt die Schmerzen und die Streitigkeiten, weil man sich verändert. Man ist nicht mehr der Gleiche. Weder der Beleidiger noch der Beleidigte sind mehr sie selbst.   *Blaise Pascal*

Nichts macht schneller alt, als der immer vorschwebende Gedanke, daß man älter wird. Ich verspüre dieses recht an mir; es gehört mit zum Giftsaugen.   *Georg Christoph Lichtenberg*

Im hohen Alter, so glauben gewöhnlich die anderen, oft aber auch die Greise selbst, lebt man nur die einem noch verbleibende Zeit ab. Das Gegenteil ist der Fall, das hohe Alter ist – sowohl für die alten Menschen selbst wie auch für die anderen – der wertvollste und notwendigste Lebensabschnitt. Der Wert unseres Lebens ist der Entfernung vom Tode quadratisch umgekehrt proportional. Es wäre schön, wenn die alten Menschen selbst und auch ihre Umgebung dies begriffen.

Lew Nikolajewitsch Tolstoi

Altwerden ist keine Katastrophe.
Alter muß kein Unglück sein.
Lerne alt werden mit einem jungen Herzen.
Das ist die ganze Kunst.   *Phil Bosmans*

Im weiteren Sinne kann man auch sagen: Die ersten vierzig Jahre unseres Lebens liefern den Text, die folgenden dreißig den Kommentar dazu, der uns den wahren Sinn und Zusammenhang des Textes, nebst der Moral und allen Feinheiten desselben, erst recht verstehn lehrt.   *Arthur Schopenhauer*

Die Gefühle bleiben sich gleich und werden im Alter noch heftiger, weil sie keine rechte Erwiderung finden! Das ist grad als wie einer, der einen Hering ißt und nix zu trinken kriegt.

Johann Nepomuk Nestroy

Man kommt nun allgemach in die Jahre, wo man wahrnimmt, daß man nicht notwendig geliebt werden *muß,* und wo man schon zufrieden ist, dann und wann zu erkennen, daß man wenigstens noch geliebt werden *kann.*   *Theodor Fontane*

Das Alter ist nicht trübe, weil darin unsre Freuden,
sondern weil unsre Hoffnungen aufhören.

Jean Paul

Das Alter hat viel Häßliches und Dummes, aber das
eine Kluge hat es, daß es einsieht: Nichts ist von be-
sonderer Wichtigkeit, und man kann es *so* machen
und auch *so*.   *Theodor Fontane*

Das Gedächtnis nimmt ab, wenn man es nicht übt.

Marcus Tullius Cicero

In älteren Jahren nichts mehr lernen *können,* hängt
mit dem in älteren Jahren sich nicht mehr befehlen
lassen wollen zusammen, und zwar sehr genau.

Georg Christoph Lichtenberg

Die Jahre bedeuten gar nichts. Wer dumm ist und
nichts gelernt hat, faselt mit siebzig noch gerade so
wie mit siebzehn.   *Theodor Fontane*

Ich würde nichts Schöneres kennen, als in Ewigkeit weiterlernen zu dürfen.   *Christian Morgenstern*

236

Ich merkte zuerst mein eintretendes Alter an der Abnahme des Gedächtnisses, die ich bald mit dem Mangel an Übung dessen entschuldigte, bald als Folge des eintretenden Alters beklagte. Solche Wellen von Furcht und Hoffnung habe ich all mein Leben lang verspürt.   *Georg Christoph Lichtenberg*

Die Menschen nutzen wahrhaft ihr Leben zu wenig; es ist also kein Wunder, daß es noch so einfältig in der Welt aussieht. Womit bringt man sein Alter hin? Mit Verteidigung von Meinungen; nicht weil man glaubt, daß sie wahr sind, sondern weil man einmal öffentlich gesagt hat, daß man sie für wahr halte.   *Georg Christoph Lichtenberg*

Nichts ist seltener als Reue; jeder ist schließlich mit seinem Tun zufrieden und würd' es, wenn es ginge, wieder so machen.   *Theodor Fontane*

Ich aber bilde mir ein, aus jungen Philistern werden alte Philister, und wer dagegen einmal wahrhaft jung gewesen, der bleibt's zeitlebens.

Joseph von Eichendorff

237

Der Jugend wird oft der Vorwurf gemacht, sie glaube immer, daß die Welt mit ihr erst anfange. Wahr. Aber das Alter glaubt noch öfter, daß mit ihm die Welt aufhöre. Was ist schlimmer?

Friedrich Hebbel

Man muß bei Seite treten und einem neu heranwachsenden Geschlecht den Vortritt lassen können; tut man das nicht, so wird man lästig und lächerlich.

Theodor Fontane

Seine Vollendung erreichen. Man wird nicht fertig geboren; mit jedem Tag vervollkommnet man sich in seiner Person und seinem Beruf, bis man den Punkt seiner Vollendung erreicht, wo alle Fähigkeiten vollständig, alle vorzüglichen Eigenschaften entwickelt sind. Dies gibt sich daran zu erkennen, daß der Geschmack erhaben, das Denken geläutert, das Urteil reif und der Wille rein geworden ist.

Baltasar Gracián

Ich will den Herbst

Man wird nicht besser mit den Jahren,
Wie sollt es auch, man wird bequem
Und bringt, um sich die Reu zu sparen,
Die Fehler all in ein System.

Das gibt dann eine glatte Fläche,
Man gleitet unbehindert fort,
Und »allgemeine Menschenschwäche«
Wird unser Trost- und Lieblingswort.

Die Fragen alle sind erledigt,
Das eine geht, das andre nicht,
Nur manchmal eine stumme Predigt
Hält uns der Kinder Angesicht.

Theodor Fontane

Die beste Zurüstung für das Alter ist im allgemeinen die unablässige Bestätigung der Tugend. Sie
kann auf jeder Altersstufe gepflegt werden; und
wenn man erst einmal lange gelebt hat, zeitigt sie
herrliche Früchte. Und das nicht nur, weil die Tugend nie schwinden kann, nicht einmal im höchsten Alter – und dies ist dabei das Größte –, sondern
auch, weil das Wissen um ein rechtschaffen gelebtes
Dasein und um viele gute Taten die angenehmste
Erinnerung ist.

Marcus Tullius Cicero

Der Meister sprach:
»Ich war fünfzehn,
und mein Wille stand aufs Lernen,
mit dreißig stand ich fest,
mit vierzig hatte ich keine Zweifel mehr,
mit fünfzig war mir das Gesetz des Himmels kund,
mit sechzig war mein Ohr aufgetan,
mit siebzig konnte ich meines Herzens Wünschen
folgen, ohne das Maß zu übertreten.

Der edle Mensch ist in Frieden mit sich selbst; der
Gemeine macht sich ständig Sorgen.

Konfuzius

Wer diese schwier'ge Wanderung
den Sumpf, die Torheit überwand,
ans andre Ufer kam, wunschlos,
andächtig und von Zweifel frei,
ruhig nicht hängend an der Welt –
den nenne einen Weisen ich. *Gautama Buddha*

Unaufhörlich eilt das eine seiner Entstehung, das andere seinem Ende zu, und manches, was entsteht, ist zum Teil schon wieder vergangen: Ein ewiges Fluten und Sichwandeln erneuert unaufhörlich die Welt, so wie der nie versiegende Strom der Zeit die grenzenlose Ewigkeit immer wieder verjüngt. Was wollte man inmitten dieses Stromes, der uns keinen festen Fuß zu fassen erlaubt, von den an uns vorübereilenden Dingen besonders schätzen? Das wäre ja gerade so, als verliebte sich jemand in einen der vorüberfliegenden Sperlinge, der im gleichen Augenblick seinen Blick schon wieder entschwunden ist! Auch das Leben eines jeden von uns ist ja selbst kaum mehr als ein zarter Hauch, der aus dem Blute aufsteigt, und das Einatmen von Luft. Wenn du dein ganzes Atmungsvermögen, das du gestern oder vorgestern mit deiner Geburt erwarbst, wieder dorthin zurückgibst, woher du den ersten Atem holtest, dann ist das im Grunde nichts anderes, als wenn du einmal die Luft einatmest und wieder ausstößt, was wir ja jeden Augenblick tun.

Marc Aurel

Die Menschen quälen sich ein Lebelang, um im letzten Augenblick oder wenn der Tod sie auch nur streift, die Nichtigkeit all des von ihnen Erstrebten zu empfinden. Hier liegt eine ergaunerte Million neben mir und ein Schluck kaltes Wasser ist mir vielleicht unendlich viel mehr. Nichts hat Bedeutung und auch wieder alles; Großes, Kleines, sehr vage Begriffe.

Theodor Fontane

Bald wirst du tot sein, und noch immer bist du weder einfältigen Herzens und ruhigen Gemütes noch frei von der Sorge, äußere Dinge könnten dir schaden, bist nicht freundlich gegen alle Menschen und auch nicht gewillt, Rechtlichkeit im Handeln allein als Weisheit anzusehen!

Marc Aurel

Wenn Fische aus dem Wasser auf das Land geworfen werden, so schnappen sie zuckend sich zu Tode auf dem trockenen Sand. So unser Geist, der in dies Leben verirrt ist: Er zuckt im Sterben, verängstigt und verwirrt.

Darum sammle du behutsam dein Herz, damit sich jede Unrast in Seligkeit umwandelt. Dann wird alles, was wild und verloren erschien, aufblühen zu seligem Leben.

Gautama Buddha

… je älter ich werde, je tiefer empfinde ich, *alles* ist Glück und Gnade, das Kleine so gut wie das Große … *das* ist richtig, daß wir nichts in unsrer Hand haben und daß wir von Minute zu Minute von einer Rätselmacht abhängig sind, die uns streichelt oder schlägt. Daher ist das mir Widerstrebendste, Ängstigendste, das Vorsehung-spielen-Wollen so vieler Leute. Gott läßt sich nicht hineinpfuschen.

Theodor Fontane

Je weiter ich lebe, desto nötiger scheint es mir, auszuhalten, das ganze Diktat des Daseins bis zum Schluß nachzuschreiben; denn es möchte sein, daß erst der letzte Satz jenes kleine, vielleicht unscheinbare Wort enthält, durch welches alles mühsam Erlernte und Unbegriffene sich gegen einen herrlichen Sinn hinüberkehrt. Und wer weiß, ob wir nicht in jenseitigen Verhältnissen irgendwie davon abhängen, daß wir hier zu dem Ende gekommen sind, das uns nun einmal bereitet war; auch ist keine Sicherheit dafür gegeben, daß wir aus zu großer Müdigkeit von hier hinausflüchtend, drüben nicht vor neuen Leistungen stehen, von denen sich die Seele, bestürzt und unberufen wie sie ankäme, erst recht beschämt fände.

Rainer Maria Rilke

Man muß alt geworden sein, also lange gelebt haben, um zu erkennen, wie kurz das Leben ist.

Arthur Schopenhauer

Wenn ich heute stürbe, glaube ich, alt genug geworden zu sein. Ich bin dann wenigstens alt genug geworden, um sterben zu können.

Christian Morgenstern

Ich hör' schon das Gras wachsen, in welches ich beißen werd'.

Johann Nepomuk Nestroy

XIV

Ich habe die Absicht zu leben

*Zur Ewigkeit gelangt man
durch die Endlichkeit.*

RAMAKRISHNA

DA DIE MENSCHEN kein Heilmittel gegen den
Tod, das Elend, die Unwissenheit finden konnten,
sind sie, um sich glücklich zu machen, darauf ver-
fallen, nicht daran zu denken.   *Blaise Pascal*

Seit vielen Jahren habe ich vernunftgemäß der Vorstellung zugestimmt, der Tod sei nur eine große Ver-
änderung im Leben und sonst nichts und solle willkommen geheißen werden, wann immer er ein-
trete. Ich habe ganz bewußt mich aufs äußerste
bemüht, alle Furcht aus meinem Herzen zu ver-
bannen, einschließlich der Todesfurcht. Und doch
erinnere ich mich an Gelegenheiten in meinem
Leben, bei denen ich nicht erfreut war beim Gedanken an den nahenden Tod, wie jemand erfreut
sein muß bei der Aussicht auf die Begegnung mit
einem lang entbehrten Freund. So bleibt ein
Mensch oft schwach, ungeachtet all seiner Be-
mühungen, stark zu werden; und ein Wissen, das
sich auf den Kopf beschränkt und nicht im Herzen
Wurzel faßt, ist in den Krisenzeiten der Lebenserfahrung von geringem Nutzen.   *Mahatma Gandhi*

Wenn ich in der allgemeinen Trübung und Unberatenheit des Menschlichen, und nun vollends des öffentlichen Lebens, noch eine Aufgabe, rein gestellt und unabhängig, vor mir sehe, so ist es einzig diese: die Vertraulichkeit zum Tode aus den tiefsten Freuden und Herrlichkeiten des Lebens heraus zu bestärken: ihn, der nie ein Fremder war, wieder als den verschwiegenen Mitwisser alles Lebendigen kenntlicher und fühlbarer zu machen.

Rainer Maria Rilke

Am Ende kommt es auf eins heraus, wie wir die große Reise gemacht haben, ob zu Fuß, oder zu Pferd, oder zu Schiff … Wir gelangen am Ende alle in dieselbe Herberge, in dieselbe schlechte Schenke, wo man die Türe mit einer Schaufel aufmacht, wo die Stube so eng, so kalt, so dunkel, wo man aber gut schläft, fast gar zu gut …

Ob wir einst auferstehen? Sonderbar! meine Tagesgedanken verneinen diese Frage, und aus reinem Widerspruchsgeiste wird sie von meinen Nachtträumen bejaht. So z. B. träumte mir unlängst: Ich sei in der ersten Morgenfrühe auf den Kirchhof gegangen, und dort, zu meiner höchsten Verwunderung, sah ich, wie bei jedem Grabe ein Paar blankgewichster Stiefel stand, ungefähr wie in den

Wirtshäusern vor den Stuben der Reisenden …
Das war ein wunderlicher Anblick, es herrschte
eine sanfte Stille auf dem ganzen Kirchhof, die mü-
den Erdenpilger schliefen, Grab neben Grab, und
die blankgewichsten Stiefel, die dort in langen Rei-
hen standen, glänzten im frischen Morgenlicht, so
hoffnungsreich, so verheißungsvoll, wie ein son-
nenklarer Beweis der Auferstehung.   *Heinrich Heine*

Der Schnitter Tod mäht Menschenleben ab wie der
Bauer das Korn auf dem Felde: Manche Ähre hat
ihre Frucht gebracht, so manche nicht!   *Marc Aurel*

Wer vermißt noch die vergeltende Gerechtigkeit?
Was der Böseste am meisten fürchtet, ist ihm gewiß: der Tod. Dem Besten ist er wohl auch gewiß,
aber er fürchtet ihn nicht, weil er das Leben nicht
will. Der Böseste sein heißt ja nichts, als am meisten
leben wollen.   *Arthur Schopenhauer*

Warum willst du nicht in heiterer Gelassenheit deine Auflösung oder, wenn du so willst, den Übergang in eine andere Welt erwarten? Was aber soll unser Dasein ausfüllen, bis der Augenblick dafür gekommen ist? Nichts anderes, als daß wir die Götter verehren und preisen, den Menschen Gutes tun, mit ihnen nach Möglichkeit auskommen und ihren Umgang gegebenenfalls meiden und nicht vergessen, daß alles, was im engen Bereiche unseres schwachen Leibes und Atems liegt, weder uns gehört noch in unsere Hand gegeben ist.

Marc Aurel

Sei bedankt, Tod, millionenfach bedankt, daß du das unwegschaffbare Ingredienz unseres Lebens bist. Ohne dich müßte das ganze Sinnen jedes Denkenden unaufhörlich darauf gerichtet sein, dich zu erfinden. Ohne dich würde Gott am eigenen Leib verfaulen.   *Christian Morgenstern*

Schlecht lebt jeder, der nicht gut zu sterben weiß. Man darf das Leben nicht zu hoch anschlagen, man muß es unter die geringen Dinge rechnen.

Lucius Annaeus Seneca

Leben
Leben; wohl dem dem es spendet
Freude, Kinder, täglich Brot,
Doch das Beste, was es sendet,
Ist das Wissen, daß es endet,
Ist der Ausgang, ist der Tod.   *Theodor Fontane*

Mein Tod ist meine Wahrheit, wie Dein Tod die Deinige. Wenn ich als Individuum sterbe, bejahe ich mich als Welt. Denn mein Tod als solcher ist dem Leben des Ganzen notwendig, und da ich selbst der Teil wie das Ganze bin, ist mein Tod mir selber notwendig. Was aber meine Notwendigkeit ist, ist auch meine Wahrheit; denn Notwendigkeit ist höchste Bejahung und höchste Bejahung Wahrheit.

Christian Morgenstern

Leben ist der Anfang des Todes. Das Leben ist um des Todes willen. Der Tod ist Endigung und Anfang zugleich, Scheidung und nähere Selbstverbindung zugleich. Durch den Tod wird die Reduktion vollendet.   *Novalis*

Auch das Sterben ist übrigens eine der Aufgaben, die dir das Leben stellt. Es ist also angebracht, daß du auch die dir mit ihm zugewiesene Aufgabe gut erfüllst.

Marc Aurel

Der Tod ist das Erlöschen der sinnlichen Wahrnehmung, das Ausruhen von der zwingenden Macht der Triebe, der quälenden Denkarbeit und der Herrschaft des Fleisches.

Marc Aurel

Der Tod ist die Erlösung von allen Schmerzen und völliges Aufhören; über ihn gehen unsere Leiden nicht hinaus; er versetzt uns wieder in den Zustand der Ruhe, in dem wir uns befanden, ehe wir geboren wurden. Bedauert jemand die Gestorbenen, so muß er auch die Ungeborenen bedauern.

Lucius Annaeus Seneca

Menschen verlieren? Wir sagen: Ich habe meine Frau verloren, meinen Mann, meinen Vater, wenn sie gestorben sind. Aber es kommt doch oft und sogar sehr oft vor, daß wir Menschen verlieren, die nicht sterben: Wir entfernen uns so sehr von ihnen, daß sie für uns schlimmer als gestorben sind. Und

umgekehrt sterben oft Menschen, und wir finden
gerade dann zu ihnen, kommen ihnen gerade dann
nahe.   *Lew Nikolajewitsch Tolstoi*

Indem das Leben nimmt und gibt und nimmt
entstehen wir aus Geben und aus Nehmen:
ein Schwankendes, sich Wandelndes, ein Schemen
und doch in unserer Seele so bestimmt

hindurchzugehn durch dieses Sich-verschieben
unangezweifelt, aufrecht, unbeirrt
von Tag zu Nacht, von Nacht zu Tag getrieben,
aus denen unaufhaltsam Leben wird

von unserm Leben, Blut von unserm Blut,
Lust von der unsern, Leid das wir erkennen,
von dem wir uns auf einmal wieder trennen
weil unsre Seele, einsam, schon geruht

vorauszugehn …   *Rainer Maria Rilke*

Der Tod ist eine Selbstbesiegung – die, wie alle
Selbstüberwindung, eine neue, leichtere Existenz
verschafft.   *Novalis*

Warum sollte dies mein Leben ein Anfang oder
Ende sein, da doch nichts ein Anfang oder Ende
ist. Warum nicht einfach eine Fortsetzung, der unzähligen Wesensgleiches vorangegangen ist und un-
zähliges Wesensgleiches folgen wird.

Christian Morgenstern

Wie die von Windes Macht verwehte Flamme
Verschwindet und kein Wort sie nennen mag,
So schwindet hin ein Weiser, der befreit
Von Leib und Leben, und kein Wort mehr
nennt ihn.
Den Heimgegangenen mißt kein Maß, es fehlt
Das Wort, womit man ihn bezeichnen könnte.
Wo alle Dinge gänzlich sind vergangen,
Ist jeder Pfad der Rede uns versagt.

Gautama Buddha

Leben und Tod: Sie sind im Kerne Eins.
Wer sich begreift aus seinem eignen Stamme,
der preßt sich selber zu dem Tropfen Weins
und wirft sich selber in die reinste Flamme.

Rainer Maria Rilke

Es gibt keinen Tod, nur den Wechsel in andere Wel-
ten.

Chief Seattle, Duwamish

Sterben ist nichts anderes als das Umwenden einer Seite im Buche des Lebens. In den Augen der anderen ist es der Tod; für die aber, die sterben, ist es das Leben.

Hazrat Inayat Khan

Weinend kommt jedermann in dieses Leben, lächelnd soll man in jenes übergehen.

Johann Nepomuk Nestroy

Jemand kam mit einer Frage zu einem Sufi. Er sagte: »Seit vielen, vielen Jahren sinne ich darüber nach und lese verschiedene Bücher, und doch war ich nicht imstande, eine sichere Antwort zu finden. Sag mir, was geschieht nach dem Tode?«

Der Sufi erwiderte: »Frage dies bitte jemanden, der sterben wird. Ich habe die Absicht zu leben.«

Hazrat Inayat Khan

Worte, die Leben verändern –
Wegbegleiter durch die Zeit:

EUGEN DREWERMANN
*Worte für ein
unentdecktes Land*

ALBERT EINSTEIN
Worte in Zeit und Raum

THEODOR FONTANE
*Worte, die von Herzen
kommen*

ERICH FROMM
Worte wie Wege

VINCENT VAN GOGH
Worte wie Feuer

HERMANN HESSE
Worte des Zauberers

C. G. JUNG
Worte der Seele

YEHUDI MENUHIN
*Worte wie Klang
in der Stille*

MOHAMMED
Worte wie Oasen

CHRISTIAN
MORGENSTERN
Worte des Lächelns

RAMAKRISHNA
Worte ewiger Harmonie

ALBERT SCHWEITZER
Worte über das Leben

THICH NHAT HANH
Worte der Achtsamkeit

HERDER
FREIBURG · BASEL · WIEN